EXPLORATION AND PRACTICE OF
HIGH-DENSITY OPERATION WITH LARGE TRAFFIC VOLUME
ON FULLY AUTOMATIC LINES

全自动运行线路
大运量高密度运营
探索与实践

上海轨道交通10号线
小间隔运营技术攻关

王伟雯　马伟杰　编著

人民交通出版社股份有限公司
北　京

内 容 提 要

本书聚焦新时代人民大众“更快捷、更舒适、更安全”的轨道交通出行需求，基于上海轨道交通10号线全自动运行实践，总结提出了城市轨道交通全自动运行线路大运量高密度小间隔运营技术体系。全书共八章，系统介绍了上海轨道交通10号线大运量高密度小间隔运营方案、全自动运行核心系统技术优化研究成果、大运量高密度小间隔运营方案等，并对系统升级、运营组织技术进行了探索和展望。

本书可供轨道交通行业相关设计、运营、管理人员参考使用。

图书在版编目(CIP)数据

全自动运行线路大运量高密度运营探索与实践：上海轨道交通10号线小间隔运营技术攻关 / 王伟雯，马伟杰编著 . — 北京：人民交通出版社股份有限公司，2023.5

ISBN 978-7-114-18130-6

Ⅰ. ①全… Ⅱ. ①王… ②马… Ⅲ. ①城市铁路—轨道交通—运营管理—上海 Ⅳ. ① U239.5

中国版本图书馆 CIP 数据核字 (2022) 第 137157 号

Quanzidong Yunxing Xianlu Da Yunliang Gao Midu Yunying Tansuo yu Shijian
Shanghai Guidao Jiaotong Shi Hao Xian Xiao Jiange Yunying Jishu Gongguan

书　　名：全自动运行线路大运量高密度运营探索与实践——上海轨道交通10号线小间隔运营技术攻关
著 作 者：王伟雯　马伟杰
责任编辑：吴燕伶
责任校对：席少楠　卢　弦
责任印制：张　凯
出版发行：人民交通出版社股份有限公司
地　　址：（100011）北京市朝阳区安定门外外馆斜街3号
网　　址：http://www.ccpcl.com.cn
销售电话：（010）59757973
总 经 销：人民交通出版社股份有限公司发行部
经　　销：各地新华书店
印　　刷：北京建宏印刷有限公司
开　　本：787 × 1092　1/16
印　　张：9.75
字　　数：150 千
版　　次：2023年5月　第1版
印　　次：2023年5月　第1次印刷
书　　号：ISBN 978-7-114-18130-6
定　　价：88.00元

EXPLORATION AND PRACTICE OF
HIGH-DENSITY OPERATION WITH LARGE TRAFFIC VOLUME
ON FULLY AUTOMATIC LINES

本书编写组

主　　编：王伟雯　马伟杰

编写人员：（按姓氏笔画为序）

王晓燕　卢红爱　包天刚　成正波
师　蔚　朱　尧　朱军林　朱海燕
冲　蕾　刘嗣嘉　许　葭　李　伟
李　健　杨怡帆　杨　涛　吴爱中
狄学超　张梦恒　陈绍文　陈黎跃
费薄俊　徐　俊　黄远春　曾骁旸
楚文超　雷　雨　熊至安

序

作为中国乃至全球客流量最大的城市轨道交通系统，上海地铁正在从以线网覆盖为主的高速发展，转向以运营管理为重心的高质量发展。上海地铁通过运营能级提升实现路网增能，开创性探索100s小间隔运营技术，在高效、高速、高科技道路上迈出了重要一步。

上海轨道交通10号线是一条已经运营十余年的线路，也是我国首条大客流全自动运行模式地铁线路。在100s小间隔运营技术攻关项目实施过程中，大量的试验和改造必须以不影响日常运营为前提，加之其本身也是一个多系统联动的复杂工程，各环节紧紧相扣，一个小小的干扰或故障，都会牵一发而动全身，每一次半小时运营的背后都战胜了诸多困难，攻克了诸多挑战。技术攻关组的同志们敢于担当、勇于创新、攻坚克难，将临时终点站江湾体育场站的折返能力提升近20%，解决了折返能力不足这一最大的瓶颈问题；针对站台门故障频发的难题，上海地铁人在91天中总计更换了3438个部件，调整了18332颗螺钉，使得站台门故障率下降83%。上海轨道交通10号线充分发挥线路“运维一体”的高效集控优势，各专业紧密联动协作、全盘统筹，确保运营指令的快速响应，大大缩短了从夜间空载演练到高峰时段实战的试验周期。

上海轨道交通10号线在我国城市轨道交通实际运营中首次实现了高峰时段100s小间隔运行，使得运能提升111.1%，乘客等候时间缩短55.6%。这一突破，是上海地铁运营管理能力提升的一个里程碑事件，为后续全路网缩短高峰时段发车间隔奠定了坚实的基础。新时代是奋斗者的时代！“100s攻关”胜利的背后，凝聚着上海地铁人的汗水和智慧，很好地诠释了“申城地铁，通向都市新生活”的使命、“敢于拼搏”的精神和“一切为了乘客”的理念。

上海地铁人知重负重扛责任，攻坚克难打硬仗，在新时代聚焦满足人民大众“更快捷、更舒适、更安全”的地铁出行体验需求，再接再厉、重新出发。希望本书能够为同行们提供一些有益的参考和借鉴，为提高我国城市轨道交通运营能力和管理水平做出贡献。

邵伟中

2022年11月

EXPLORATION AND PRACTICE OF
HIGH-DENSITY OPERATION WITH LARGE TRAFFIC VOLUME
ON FULLY AUTOMATIC LINES

前言

随着城市的蓬勃发展和乘客出行方式的改变，城市公共交通逐渐承担着越来越大的客流压力。城市轨道交通是现代大城市交通的发展方向。发展轨道交通是解决大城市病的有效途径，也是建设绿色城市、智能城市的有效途径。

上海轨道交通10号线是国内首条大客流高运量、复杂运行交路、自动化等级最高的地铁线路，也是国际上首条日均客流超过百万人次的全自动运行线路。随着上海轨道交通10号线全自动运行系统的平稳良好运营，全自动运行技术在上海轨道交通新线中得到广泛应用，积累了丰富的理论基础和实践经验，无论是运营安全风险辨识、评估及管控，还是隐患排查、治理等，都积累了丰富的安全管控经验。与此同时，设施设备的优化、行车计划的调整、应急管理的处置和预案的更新，都为上海轨道交通10号线在全自动运行模式下实现“小间隔运营”打下了坚实基础。

本书旨在对全自动运行模式下线路大运量高密度小间隔运营的实现模式进行总结，全面介绍了上海轨道交通10号线大运量高密度运营推进方案、100s行车间隔运营方案、全自动运行核心子系统、大运量高密度运营总体实施方案、大运量高密度运营实践情况、大运量高密度运营探索研究成果。通过上海轨道交通10号线全自动运行线路大运量高密度小间隔运营理论研究、实践验证以及实际运营数据分析，确立了全自动运行模式大运量高密度小间隔的核心系统技术要求和运营安全管理方案。相关经验和数据，可为其他城市轨道交通线路的大运量高密度小间隔运营提供借鉴。

本书主要由王伟雯、马伟杰编写，各章编写分工如下：王伟雯、李健（第1章），马伟杰、李健（第2章），王伟雯、马伟杰、包天刚、朱尧、杨涛、朱军林、黄远春（第3章），马伟杰、冲蕾、师蔚、许葭、吴爱中（第4章），王伟雯、包天刚、卢红爱、朱海燕、楚文超（第5章），马伟杰、费薄俊、徐俊、刘嗣嘉、曾骁旸、雷雨、王晓燕、成正波（第6章），费薄俊、徐俊、刘嗣嘉、曾骁旸、陈绍文、狄学超（第7章），王伟雯、包天刚、朱尧、李伟（第8章），张梦恒、熊至安、陈黎跃、朱蓓蕾、罗晋、于铮、汤明明、吴轶俊、孙佳俊等人也参与了编写或提供了素材。

在编写本书的过程中，参编单位领导与同行专家给予了大力支持。上海申通地铁集团有限公司（以下简称“上海申通地铁集团”）副总裁邵伟中给予了专业指导，并为本书作序；上海申通轨道交通研究咨询有限公司顾问总工程师朱翔、上海轨道交通技术研究中心副总经理王大庆、上海市隧道工程轨道交通设计院总工程师付鹏、上海申通轨道交通研究咨询有限公司副总经理余海滨给予了专业技术指导，上海申通地铁集团运营管理部、运营设施设备管理部、调度指挥中心、安全生产监督管理部、党委党建工作部给予了大力支持；卡斯柯信号有限公司技术总监汪小勇，中车南京浦镇车辆有限公司和西屋电气公司的专业技术人员提供了编写素材并提出了具体修改意见；上海工程技术大学城市轨道交通学院教师积极参与本书编写。在此一并表示衷心的感谢!

本书可作为城市轨道交通装备制造领域、运营领域的研究人员、工作人员的参考、培训资料，也可作为高等院校交通运输、轨道交通信号与控制、机械工程及自动化等专业本科教学的参考书籍。

由于作者的水平有限，且时间仓促，书中不免有疏漏、欠妥之处，恳请读者批评指正。

作　者

2022 年 11 月

EXPLORATION AND PRACTICE OF
HIGH-DENSITY OPERATION WITH LARGE TRAFFIC VOLUME
ON FULLY AUTOMATIC LINES

EXPLORATION AND PRACTICE OF
HIGH-DENSITY OPERATION WITH LARGE TRAFFIC VOLUME
ON FULLY AUTOMATIC LINES

目 录

HIGH-DENSITY OPERATION WITH LARGE TRAFFIC VOLUME
ON FULLY AUTOMATIC LINES

第一部分

EXPLORATION AND PRACTICE OF
HIGH-DENSITY OPERATION WITH LARGE TRAFFIC VOLUME
ON FULLY AUTOMATIC LINES

第 1 章

绪　论

1.1　研究背景

随着城市的蓬勃发展和乘客出行方式的改变，城市公共交通逐渐承担着越来越大的客流压力。城市轨道交通是现代大城市交通的发展方向。发展轨道交通是解决大城市病的有效途径，也是建设绿色城市、智能城市的有效途径。城市轨道交通是指具有固定线路，铺设固定轨道，配备运输车辆及服务设施的交通类型，是城市公共交通中的骨干，在满足人民群众交通出行、缓解城市交通拥堵、促进经济社会发展等方面发挥了积极的作用。

全自动运行系统（Fully Automatic Operation，FAO）作为先进的客运交通系统，将引领城市轨道交通发展的趋势。与全自动运行模式相匹配的是与人工驾驶模式迥异的运营、维护模式和系统功能需求。在全自动运行模式下，列车从唤醒出车到回库休眠的整个运营过程均由系统自动完成，原先由驾驶员执行的工作被高度自动化的系统设备和控制中心调度所代替。全自动运行模式设备的功能明显优于人工驾驶模式设备，但对设备的可靠性也提出了更高要求。

（1）全自动运行技术可实现大运量高密度线路运营

随着技术提升及设备发展，全自动运行技术逐渐成为城市轨道交通建设与运营的首选。全自动运行技术将信号系统、车辆系统、通信系统、综合监控系统、站台门系统等多个系统高度集成，通过各个系统之间的紧密配合，能够在完全没有驾驶员和乘务人员参与的情况下，由控制中心统一控制，实现全自动运行，自动完成列车唤醒、自检、运行、精确停车、开关车门、洗车、休眠等操作，以及在故障情况下自动恢复等功能。全自动运行技术能够提高列车运行的安全性、可靠性，提升旅行速度，实现高密度运营，保证运营准点，改善服务质量，提高舒适性，降低系统全生命周期建设和运营成本。

（2）全自动大运量高密度运营的最小行车间隔分析

城市轨道交通具有客运量大、行车密度高等特点，在城市轨道交通的各项运营指标中，最小行车间隔制约着线路的运营能力，决定着线路的运营效率，因此城市轨道交通行车间隔缩小研究备受关注。例如：常规运行模式下，列车从进站停稳到开出站台所需时间约为 40s，驾驶员通过操作门控打开车门、安全确认、按发车按钮一系列操作约需 15s，乘客上下车的真正时间仅为 25s 左右。最小行车间隔是全自动运行系统的重要优势体现，在全自动运行模式下，列车停站无须人工操作，所有开关门、系统确认安全时间可压缩到 5～8s，乘客上下车平均时间可以更宽裕。没有了人工操作，列车的运行时间大大缩短。在编制列车运行图时，为了给人工操作留出时间，要留出 30s 左右的“提前量”，全自动运行模式下，这个“提前量”仅需 3s。基于上述分析，全自动运行模式还为再度缩小“最小行车间隔”创造了可能。

2019 年，全国城市轨道交通高峰小时最小行车间隔平均为 290s，除有轨电车外，其他制式平均最小行车间隔为 273s，120s 及以内的线路共有 12 条；2020 年，全国城市轨道交通高峰小时最小行车间隔平均为 287s，除有轨电车外，其他制式平均最小行车间隔为 257s，120s 及以内的线路共有 16 条，比 2019 年增加 4 条，北京、西安、深圳、沈阳、上海等 16 个城市最小行车间隔有所缩短，运能提升明显。最小行车间隔统计见图 1-1。

缩短行车间隔，一方面有利于减少乘客候车时间，提高服务质量；另一方面有利于减少列车上线数，节省工程投资。但是由于系统技术限制，如轨道区段长度、通信的有效速率和可靠性、列车进路建立和恢复时间等因素，正常的行车间隔不可能无限制缩短。换言之，行车间隔极大地影响着系统方案和工程造价，确定合理的行车间隔，需结合各系统能力、土建条件、运营组织管控能力等因素综合统筹考量。全自动运行系统替代人工驾驶后，可有效压缩最小行车间隔时间，提升线路运营效率。如上海轨道交通 10 号线，在运营筹备阶段的客流预测中，远期客流将突破百万人次，需要采用 8 节编组的车辆开展运营，但在后续确认 10 号线采用全自动运行系统后，系统的设计能力最小为 100s 间隔的运营，通过小间隔高密度行车的方式提升运能，从而达到 8 节编组列车的乘客运输能力。

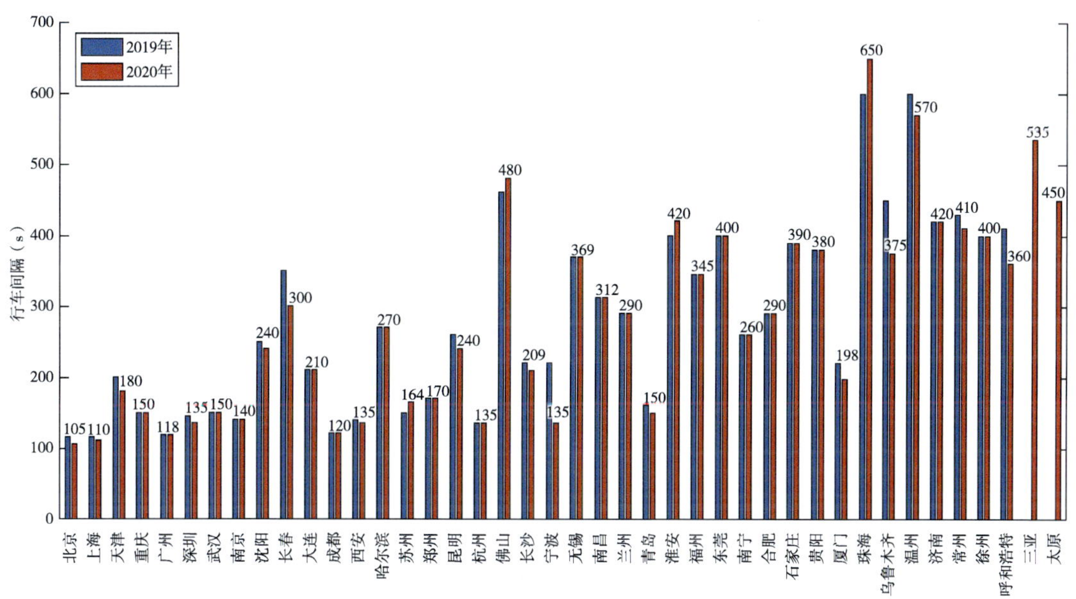

图 1-1　我国部分城市 2019 年和 2020 年城市轨道交通最小行车间隔

（资料来源：根据中国城市轨道交通协会《城市轨道交通年度统计和分析报告》整理）

1.2　研究基础

1.2.1　上海轨道交通 10 号线全自动运行系统实践

为了适应轨道交通的发展趋势，紧跟世界轨道交通建设发展步伐，提高轨道交通网络技术水平，上海轨道交通 10 号线首次尝试采用全自动运行系统这一新技术。10 号线采用 6 辆编组列车，在移动闭塞制式下，规划设计开行 36 对 /h（预留 4 对 /h 能力）的方案，以此保障列车在全自动运行方式下正常运行，满足运能需求且有一定的余量，车内舒适度较高，站台上乘客流动顺畅。列车交路以预测客流为依据，初、近、远期相结合，全线统筹考虑。在满足客流需求的同时，合理设置中间折返，节省车辆配置。列车交路为单一交路、大小交路及 Y 形交路等多种方式，以合理的比例设置。10 号线以人为本，方便乘客出行，各区段（特别是只有长交路列车的区段）均保证一定的服务水平，行车间隔适宜。从高峰客流的分布特点分析，全线客流分布相对均衡。在列车交路的设置中，列车开行对数按不小于 36 对 /h 进行设计；设置短交路时则适当扩大其运行范围；折返站具备与线路通过及列车交路相适应的折返能力。

上海轨道交通 10 号线是国内首条大客流高运量、复杂运行交路、自动化等级最高的全自动运行地铁线路。同时，它也是国际上首条日客流超过百万人次的全自动运行线路。随着上海轨道交通 10 号线全自动运行系统的平稳良好运营，全自动运行技术在上海轨道交通新线中得到广泛应用。2020—2021 年，上海轨道交通 10 号线二期工程、18 号线一期南段、15 号线开通试运营，再加上先前已经开通的 17 号线、5 号线南延伸和浦江线，上海地铁的全自动运行线路已达到 6 条，位列国内之首。

全自动运行所带来的高效性和安全性极大地便利了乘客的出行。目前，10 号线日均客流约 90 万人次，单日最高客流达 108 万人次；10 号线每日运营时间达 19h22min，最大运用列车数 37 列，与相同运营时分的线路相比,10 号线减少日均列车上线数 2 列，目前最小运营间隔 3min，满足每天百万级大客流的需求。10 号线列车平均出入库时间减少 130s、平均折返时间减少 60s，旅行速度提升 6.11km/h，同比提升 13.4%。

在上海轨道交通 10 号线全自动运行管理过程中，上海地铁第一运营有限公司积极探索技术革新、不断总结运营管理及人才培养经验，并注重交流分享和推广，先后和国内外 30 多个城市的轨道交通同行进行交流、分享，为上海后续全自动运行线路建设与运营人员和国内同行提供相关培训。同时，上海轨道交通 10 号线的全自动运行经验也走向全国。目前，已为国内苏州、南京、南宁、福州、柳州、太原、芜湖、徐州等 8 个城市提供全自动运行咨询服务，输出可复制、可推广的运营管理经验。全自动运行不仅宣告一个时代的来临，也是上海地铁在高效、高速、高科技道路上迈出的重要一步。

1.2.2　上海轨道交通 10 号线 100s 小间隔运营实践前提

上海轨道交通 10 号线于 2014 年采用全自动运行模式，经过多年的探索实践，无论是在运营安全风险辨识、评估及管控，还是在隐患排查、治理等方面，都积累了丰富的安全管控经验，设施设备的优化、行车计划的调整、预案的更新都为上海轨道交通 10 号线在全自动运行模式下探索“小间隔运营”打下了坚实基础。为验证高密度行车间隔载客运营的可行性，上海轨道交通 10 号线于 2021 年 7 月启动三阶段的 100s 行车间隔半小时常态运营。为确保半小时常态运营期间的运营安全，上海轨道交通 10 号线各专业于前期开展了大量的改造、调试工作：信号、站台门等系统分别进行了技术改造，调整了列车运行等级，优化了站台门的关门力度，从而提升了线路运营调整能力和设备稳定性。

1.3 研究内容

本书旨在对全自动运行模式下线路小间隔运营的实现进行研究。在全自动运行模式下，线路小间隔运营对设施设备的要求严苛，上海轨道交通 10 号线按照最小运营间隔 100s 设计，在实际开展前需要从以下三方面进行校验：①系统实际运行能力；②安全管控措施；③运营管理能力。本书将主要研究以下内容：

（1）上海轨道交通 10 号线大运量高密度运营的准备

从整体层面分析上海轨道交通 10 号线大运量高密度运营的准备情况，围绕上海轨道交通 10 号线大运量全自动运行系统应用、线路运维模式探索以及全自动运行带来的运营效益等方面展开研究。

（2）上海轨道交通 10 号线 100s 行车间隔运营方案

具体研究上海轨道交通 10 号线 100s 行车间隔运行的基本情况、行车组织、运营管理等内容。上海轨道交通 10 号线按照最小运行间隔 100s 设计，但在实际开展此运行间隔跑图前，一方面需要结合运营方案和基本情况，对信号、车辆、供电、站台门等系统实际执行能力做必要研究和评估；另一方面，需同步进行运营安全管控方面的分析研究，从信号、车辆、供电、站台门等专业的系统实际执行能力出发，并结合运营方案评估、信号系统评估、车辆系统评估、供电系统评估、站台门评估、安全管控要求等方面进行分析。基于此，对上海轨道交通 10 号线全自动运行线路高密度小间隔运营理论进行系统性思考与探索，以期为城市轨道交通全自动运行线路高密度小间隔运营提供有益借鉴。

（3）上海轨道交通 10 号线全自动运行核心子系统

具体研究上海轨道交通 10 号线的信号系统、车辆系统、供电系统、站台门系统如何为上海轨道交通 10 号线 100s 行车间隔运营保驾护航。

（4）上海轨道交通 10 号线大运量高密度运营总体实施方案

具体研究半小时常态运营方案、突发事件处置方案和半小时常态运营情况分析等内容。

（5）上海轨道交通 10 号线大运量高密度运营实践

具体研究分析运营实践中的信号系统、车辆系统、供电系统、站台门系统、运营管理系统等相关情况。基于上海轨道交通 10 号线 100s 行车间隔的理论研究，结合总体技术路线、实施方案和实践情况等，从信号、车辆、站台门等关键系统设备执行情况和运营安全管控两个层面，进行分析和核实，进一步校正理论分析内容的可实施性。

（6）上海轨道交通 10 号线大运量高密度运营探索

具体研究系统升级探索和运营组织探索。系统升级探索是基于前述各系统实践分析基础上的优化探索，而运营组织探索主要聚焦资源限制下的运营组织探索路线、设备限制下的技术攻关路线、大运量高密度小间隔运营下的应急处置探索和解决通勤大客流，提升出行体验探索。

1.4 研究思路

本文通过对上海轨道交通 10 号线 100s 小间隔运营理论和实践的分析，结合客流实际情况和列车配属数量，研究小间隔运营的区段和时段，规划执行试点及正式运营的时间点。先对持续时间较短的小间隔运营启动研究，再从持续 0.5h 到持续 1h 的方案循序渐进，最终实现全线路、全时段的小间隔运营。在核心系统能力以及运营安全管控的保障下，线路小间隔运营能够进一步提升停站时乘客乘降效率和优化运营指标，从而更高效地提升运营效率。在此基础上，进一步提出今后全自动运行各核心系统的优化以及运营安全管控的调整策略，实现全自动运行模式下小间隔运营的预期效果：进一步保障更高密度列车运行安全，提升列车旅行速度和系统可靠性；提高运营准点性、舒适性，改善服务质量；进一步降低全生命周期系统建设和运行成本。通过上海轨道交通 10 号线全自动运行线路高密度小间隔运营理论研究、实践验证以及实际运营数据积累，明确全自动运行模式高密度小间隔运营的核心系统技术要求和运营安全管理方案，为全国其他城市全自动运行线路高密度小间隔运营提供相关借鉴。

第 2 章

上海轨道交通 10 号线大运量高密度运营前提

2003 年，新加坡地铁东北线开通运营，标志着全自动运行系统在大运量的城市轨道交通线路中首次投入使用。

2010 年 4 月 10 日，上海轨道交通 10 号线开通运营，并于 2014 年 8 月 9 日开通全自动运行模式。这是国内第一条以自动化等级 4 级（Grade of Automation 4，GoA4）功能设计、无人值守列车运行（Unattended Train Operation，UTO）模式运行的大运量全自动运行线路，线路全长 35.197km，日均客流量 90 万人次，最高日客流量 108 万人次。2016 年 12 月 30 日，上海轨道交通 10 号线首次实现了驾驶室无人值守全自动运行列车的载客运营。

2.1　上海轨道交通 10 号线大运量全自动运行系统应用

上海轨道交通 10 号线从线路建设筹备至今，历经运营筹备、全自动运行调试及投用、持续优化提升这三个阶段对运营管理进行稳步推进。

（1）运营筹备

上海轨道交通 10 号线是以 GoA4 等级为目标的全自动运行线路。2006 年 1 月，上海轨道交通 10 号线正式进入建设阶段。2009 年 1 月，上海轨道交通 10 号线的首列车交付后，线路开始实施系统联调、员工培训及运营演练，为开通运营做好准备。2010 年 4 月，上海轨道交通 10 号线开通运营。

（2）全自动运行调试及投用

2013 年初，上海申通地铁集团成立了全自动运行工作小组，正式启动上海轨道交通 10 号线全自动运行模式的调试工作。2013 年 11 月，在首列全自动运行列车完成调试后，全自动运行工作小组通过“系统功能验证”“运营环境验证”“系统能力验证”三阶段分步验证，并同步开展人员培训，同时开展全自动运行模式下规章制度编制等工作。2014 年 8 月，上海轨道交通 10 号线全自动运行系统正式投入使用，全线列车均采用全自动运行模式载客运营。上海轨道交通 10 号线在全自动运行初期投用的列车功能包括：唤醒、自检、出库、驾驶、停站、报站、开关门、折返、回库、洗车、休眠等。

（3）持续优化提升

上海轨道交通 10 号线设计为无人驾驶模式，但在全自动运行系统投用初期仍采用有人值守的全自动运行模式的过渡方案，确保在上海轨道交通 10 号线使用全自动系统运行初期的安全性。上海轨道交通 10 号线全自动运行系统从投入使用至今，是系统技术提升及运营模式改变的过程，也是一个发现问题、解决问题、持续优化提升的过程。

①列车的唤醒及自检成功率提升，并实现了转换轨处不停车出入库

视频 1：列车自动唤醒

全自动运行线路列车唤醒及自检成功率直接影响到每日运营的可用列车数。在 2014 年上海轨道交通 10 号线采用全自动运行系统的初期，列车唤醒及自检成功率为 95.47%。经过多次的系统升级和优化后，目前列车的唤醒及自检成功率稳定保持在 99.67% 左右。

②站台门与车门间隙探测设备不断优化

上海轨道交通 10 号线全自动运行初期，车站紧急关闭的激活次数较多，影响了行车效率与运营安全，经逐步优化和升级系统软件后，该问题得以解决，车站紧急关闭激活次数大幅减少。

③实现列车实时在线监测

对于采用全自动运行系统的轨道交通线路，仅仅依靠列车自动监控（Automatic Train Supervision，ATS）反馈的信息来监控无人值守列车是不够的。根据运营需求，上海轨道交通 10 号线对列车在线监测技术进行了探索，研发实时在线监测平台（图 2-1），实现对全自动运行模式下列车运行的状态，以及车辆、车载信号关键部件信息进行全面实时监控。

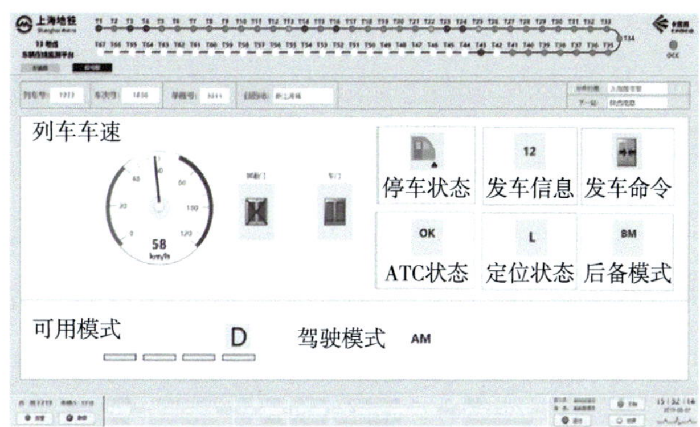

图 2-1 列车实时在线监测平台

ATC-列车自动控制；AM-自动模式

（4）驾驶员多职能化转变

2016 年 12 月起，上海轨道交通 10 号线尝试在运营低谷时段让驾驶员走出驾驶室至客室巡视车厢设备，并为车内乘客提供客运服务，同步探索在全自动运行模式下驾驶员向多职能队伍岗位转变。2016 年 12 月底，首列采用“驾驶员高峰时段驾驶室值守，低谷时段车厢巡视”值乘模式的列车上线运营，并逐步从单列车向两列车、多列车循序推进，期间同步修订与之配套的规章制度。2017 年 3 月，上海轨道交通 10 号线所有上线列车全部执行这一新的值乘模式。

（5）车辆基地列车无人值乘出入库

2018 年初，上海轨道交通 10 号线在车辆基地运作模式上开展探索，研究适合于全自动运行线路的驾驶员值乘模式，车辆基地实现无人值乘列车运行是其中重要的工作内容。2018 年 6 月，首列全自动运行无人值乘列车实现了自动出入库运行。2019 年初，上海轨道交通 10 号线在车辆基地全自动运行无人值乘出入库相对稳定后，将全自动运行无人值乘区段从车辆基地延伸至正线终点站，并研究驾驶员在正线“出勤”“退勤”的方式。2019 年 8 月，上海轨道交通 10 号线实现了驾驶员在正线“出勤”“退勤”的工作模式。

（6）列车驾驶室开放优化

2021 年 1 月，上海轨道交通 10 号线列车驾驶室开放优化，以往封闭的区域正式对乘客开放。驾驶室没有明显可见的驾驶操作设备，只有位于车头位置、覆着白色盖板的操作台，与客室融为一体。

2.2　上海轨道交通 10 号线全自动运行线路运维模式探索

（1）运营管理模式

对北京、上海、广州开通的 7 条全自动运行线路进行统计，有 5 条线路（含上海轨道交通 10 号线）采用运维一体化的运营管理模式，以适应全自动运行系统的特殊性。

①运维一体化的概念

运维一体化，顾名思义，就是线路的行车组织、客运管理和维护管理等业务统一由一家单位来管理，更好地实现集中统一、高效组织、协同一致、安全可靠等目标。

全自动运行线路与非全自动运行线路的最大差异是不配备专职驾驶员，从而导致了三个转变：运营控制中心（Operation Control Center，OCC）由“面向驾驶员”变为“面向设备、面向乘客”；故障应对模式由“系统—驾驶员”变为“系统—OCC—多职能队伍”；人员需求由“专业分工”变为“岗位复合”。上述三个转变，拉近了 OCC 与现场的距离，使 OCC 需要具备“实时了解现场、掌握故障情况、快速判断决策、远程指挥控制及现场联动处置”的能力，对列车自动监控系统和综合监控等设备系统提出了高度集成的需求，同时要求采用高度集中的管理模式，以实现调度指挥、列车驾驶、客运组织、应急处置等核心管理业务的统一管理、协同运转。

新加坡地铁环线、巴黎地铁 14 号线等全自动运行线路管理体系的设计思路亦采用运维一体的管理模式，实现对运营、维护的集中统一管理，总体架构则按运营板块、维护保障板块、综合管理板块设置。台北地铁棕线、新加坡地铁环线、巴黎地铁 14 号线等国内外多条 UTO 线路的运维实践经验表明：运维一体化是充分发挥 UTO 线路运营效益、提高应急处置效率的成功运维模式。目前，上海轨道交通 10 号线的运维一体化改革也取得了很大的成效，实现了调度指挥、列车驾驶、客运组织、应急处置、维护保障等核心业务的集中管理，提高了正常情况下的协同运转效率及非正常情况下的调整配合效率。

②运维一体化带来组织构架改变

以上海轨道交通 10 号线为例，线路在运营开通初期采用非全自动运营，运营与维护业务分别由上海申通地铁集团旗下不同分公司进行管理。在 2014 年投运全自动运行时，逐步实现运维一体化的管理模式。

上海轨道交通 10 号线由上海地铁第一运营有限公司负责其运营管理、设施设备维保工作。公司下属的运维管理部全面负责运营控制中心（OCC）、客运服务、乘务、相关设施设备全生命管理等工作。上海轨道交通 10 号线运维管理部在设计其总体组织构架时，对标国外其他全自动运行线路，充分考量实际运营质量、管理水平、岗位技能、配套制度等因素，确定了合理的人员配属数，并采用了垂直扁平的管理架构，如图 2-2 所示。

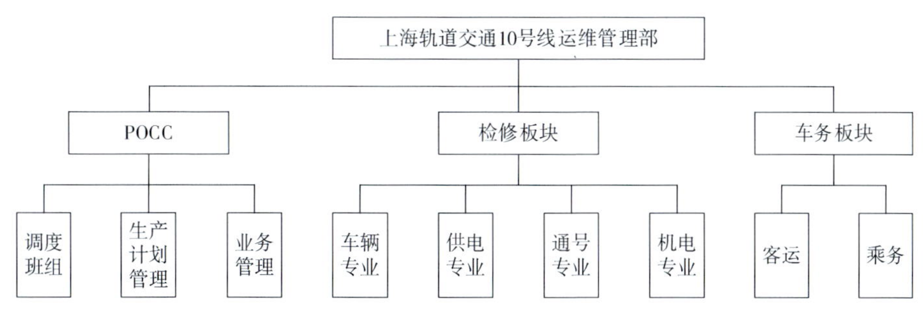

图 2-2 上海轨道交通 10 号线运维一体化管理架构

上海轨道交通 10 号线以线路为单位增设线路管理部，全面负责线路的调度指挥、客运管理、乘务管理及检修维护等工作。在整个管理体系中，计划与运营控制中心（Plan Operation Control Center，POCC）主导运营指挥、负责生产计划管理及线路业务管理，是非全自动运行线路 OCC 的进阶，并在运维一体化的组织构架下，负责整条线路的施工计划统筹、线路独立规章制度编制工作。

（2）调度指挥模式

上海轨道交通 10 号线停车场采用了与正线相同的信号模式，因此在实施运维一体化管理模式时，将负责线路运营指挥的 OCC 纳入线路管理部管辖，即 POCC，同时将运营指挥的界面延伸至停车场。图 2-3 为上海轨道交通 10 号线运营生产指挥体系的演变情况。上海轨道交通 10 号线运维一体化组织构架设立后，POCC 负责全面管辖正线运营和车场工作，并设立维修调度负责线路的故障维修和统筹安排。

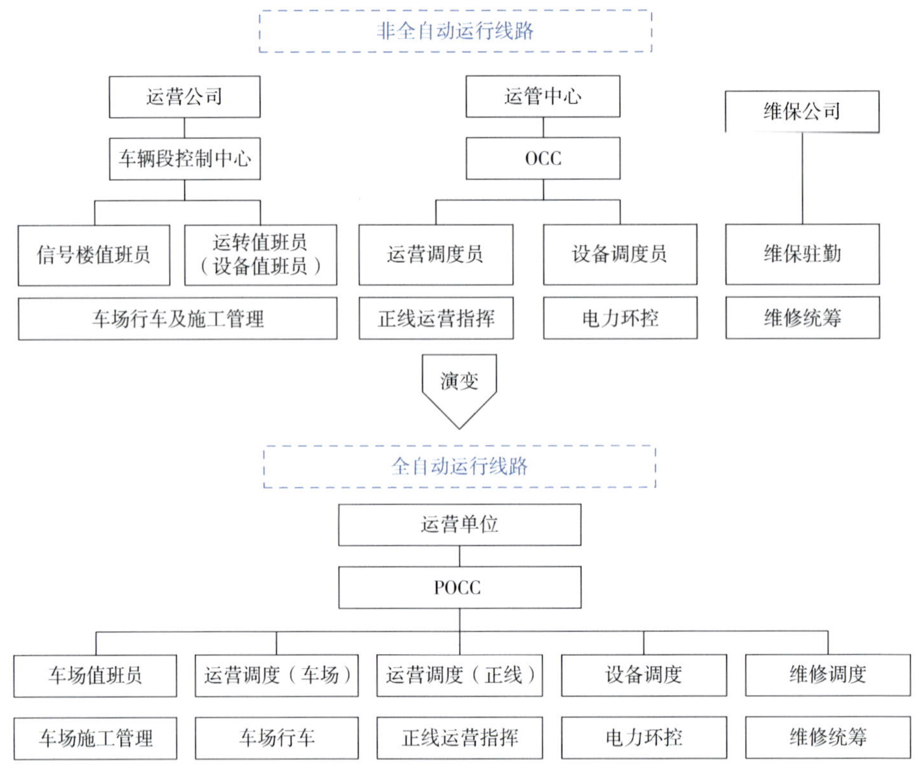

图 2-3　生产指挥体系演变过程

北京地铁燕房线的运营管理组织架构也采用运维一体化模式，主要由运营部和设备设施部构成。其中，运营部由运营支持部、站务部、乘务部、票务部和控制中心五个部门组成，设备设施部由技术支持部、车辆部、土建线路部、供电机电部、通信信号部五个部门组成。另成立子公司北京运捷科技有限公司，母公司所辖线路的信号系统、综合监控系统的维保工作为其主营业务，具体如图 2-4 所示。

（3）维护保障体系

根据全自动运行线路核心设备维护在保养及抢修上的复杂程度，上海轨道交通 10 号线将线路的维护保障工作划分为 5 个维修等级，如图 2-5 所示。上海轨道交通 10 号线日常的设施设备巡检及故障先期处理由多职能巡视队员予以实施，其余专业性较强、维护等级要求较高的工作任务则由专业维修车间负责。

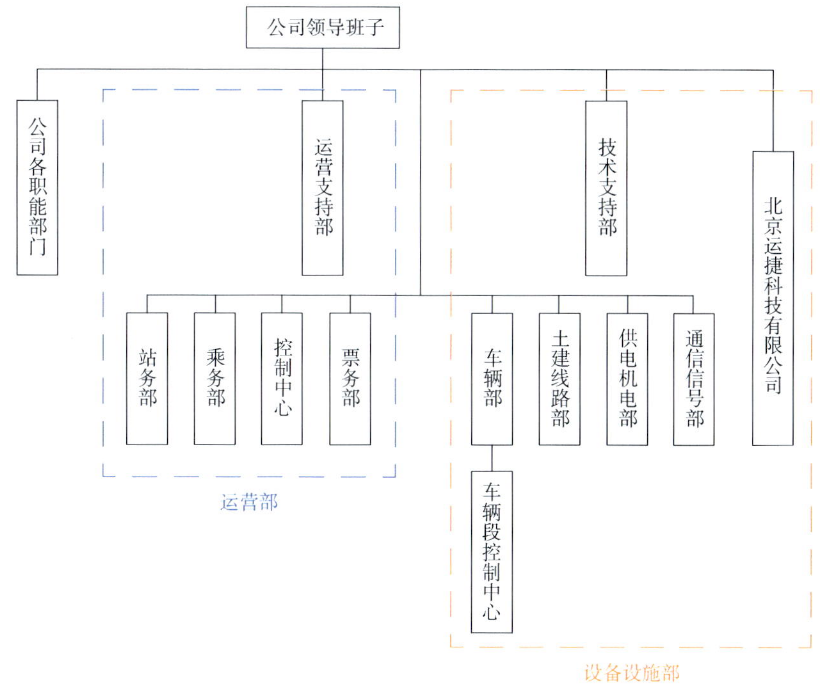

图 2-4　北京地铁燕房线的运营管理组织架构

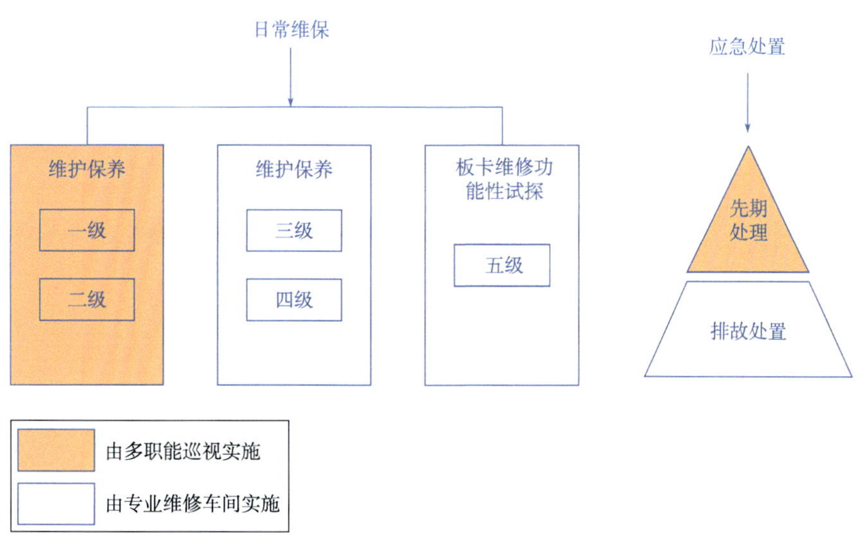

图 2-5　上海轨道交通 10 号线设施设备的维护保障体系

（4）多职能队伍

运维一体化的管理模式使岗位工作职责可以根据属地进行有机复合，并使全自动运行线路关键岗位的工作职责及界面可以符合全自动运行系统需求，同时可以有效地降低人力成本，提高人员工作效率。

根据运维一体化的管理特征及要求，上海轨道交通 10 号线利用自身优势，将部分岗位工作进行了有机结合，组建3支多职能队伍，分别是多职能队员（列控）、多职能队员（站控）和多职能队员（巡视），如图2-6所示。

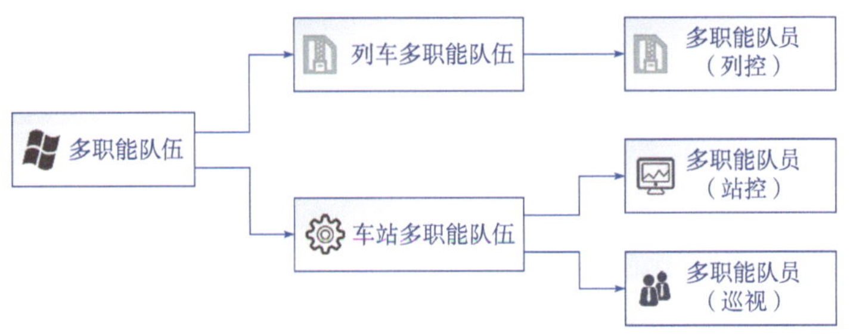

图2-6　上海轨道交通10号线的多职能队伍

①多职能队员（列控）：负责全自动运行列车的车内巡视和乘客服务，并在应急情况下驾驶列车，以及进行列车故障处置和应急处置。

②多职能队员（站控）：负责全自动运行线路车站客服中心的行车监护及乘客服务。在运营正常的情况下，以窗口乘客服务工作为主，在应急情况下参与车站的行车组织作业及应急处置。

③多职能队员（巡视）：负责全自动运行线路车站内的通号、供电、机电等车站设施设备巡视，并执行站台的客运服务工作。在应急情况下负责车站各专业设施设备的应急抢修及故障初期处置。当故障影响较大时，应协助专业维修车间进行故障处理。

（5）乘务管理模式

非全自动运行模式下，驾驶员在夜间驾驶列车回库后才可回到驾驶员公寓休息，次日早晨驾驶员还需要返回车库，负责列车的启动与检车作业。而在全自动运行模式下，系统可自动完成列车启动、自检出库等工作。利用这一特点，2019年8月上海轨道交通10号线将部分列车的驾驶员值乘方式予以调整：在夜间运营结束时，驾驶员在正线下车后返回至家中休息，列车以全自动运行模式运行回库；次日早晨列车以全自动运行模式出库运行至载客起始站，驾驶员在该站上车值乘，从而大大提高驾驶员的用工效率。

①运营监护模式

人工驾驶列车运行模式下，虽然已经具备了列车自动驾驶（Automatic Train Operation，ATO）自动运行的功能，但运行中列车的监护仍是必需的。在全自动运行模式下，驾驶员无须监护列车停站中的乘客乘降作业，列车监护由系统执行，驾驶员也无须在驾驶室监护值守，可进入客室内进行设施设备巡视，并为乘客提供客运服务。

②驾驶员值乘模式

上海轨道交通 10 号线将部分原车场“集中值乘”的驾驶员调整至“正线多点值乘”。试点正线值乘的团队称为乘务“S”班，“S”班驾驶员在夜间运营结束后于正线终点站退勤，直接回家中休息，列车以无人值守全自动运行模式回库。次日列车自动唤醒后在无人值守的模式下全自动运行出库至载客起始站，值乘驾驶员早晨自家中自行到达载客起始站出勤值乘列车，正线驾驶员生产率得到有效提升，从 0.57 提升至 0.64。

（6）规章制度体系

全自动运行系统给地铁运营带来了极大便利，打破了既有的运营组织，形成运作高效、流程精简、岗位协调提升的运营组织。因此，面对全自动运行模式，上海轨道交通 10 号线建立了一套与之对应的规章体系。

全自动运行模式的规章体系，从专业上分为管理类、行车类、客运类、设施类和安全类五大类。

①管理类规章

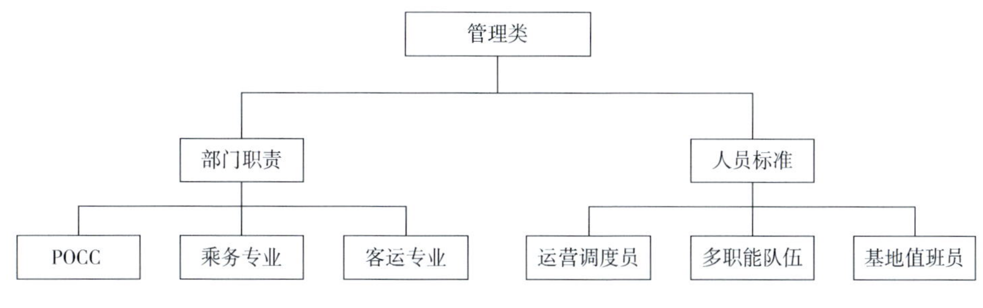

图 2-7 管理类规章

管理类规章（图 2-7）主要涵盖运维一体化及 UTO 基地场景下，所涉及的部门职责及岗位工作职责变化的相关规章制度。

②行车类规章

在全自动运行模式下，行车类规章分为路网级、线路级、场所级和岗位级四个层级。

路网级：为今后全自动运行线路的相关通用标准和规模化后的预留层级。

线路级：主要涉及行车管理办法，为线路层面通用的规章。

场所级：主要为调度工作细则、车站工作细则及车场工作细则等规定。

岗位级：主要涉及岗位的作业指导书，包含全自动运行和非全自动运行，涵盖有人值守与无人值守的运营管理模式。

③客运类规章

客运类规章基于原有通用的体系规范，在全自动运行模式下增加多职能岗位，分为集团级、公司级和岗位级三个层级。

④设施类规章

设备类规章基于原有通用的体系规范，在全自动运行模式下对维修要求和应急处置部分规章进行了修订，包括维护维修规程、操作办法和应急处置预案。

⑤安全类规章

安全类规章基于原有通用的体系规范，结合全自动运行场景进行了相应的调整与修编。

2.3 上海轨道交通 10 号线全自动运行带来的运营效益

上海轨道交通 10 号线作为上海地铁运营网络的白金线路，多年以来，客流逐年增长。依托全自动运行系统的安全性和高可靠性，其运营指标也不断提升。上海轨道交通 10 号线主要运营指标见表 2-1。

上海轨道交通 10 号线的主要运营指标　　表 2-1

年　份	兑　现　率	正　点　率	运营可靠度（万车公里）	列车唤醒自检成功率
2015 年	99.98%	99.96%	346	96.38%
2016 年	99.97%	99.95%	468	97.87%
2017 年	99.97%	99.96%	1040	98.36%
2018 年	99.96%	99.86%	748	99.64%
2019 年	99.98%	99.95%	1880	99.67%

年 份	兑 现 率	正 点 率	运营可靠度（万车公里）	列车唤醒自检成功率
2020 年	99.98%	99.96%	1342	99.82%
2021 年	100.00%	99.97%	2155	99.95%

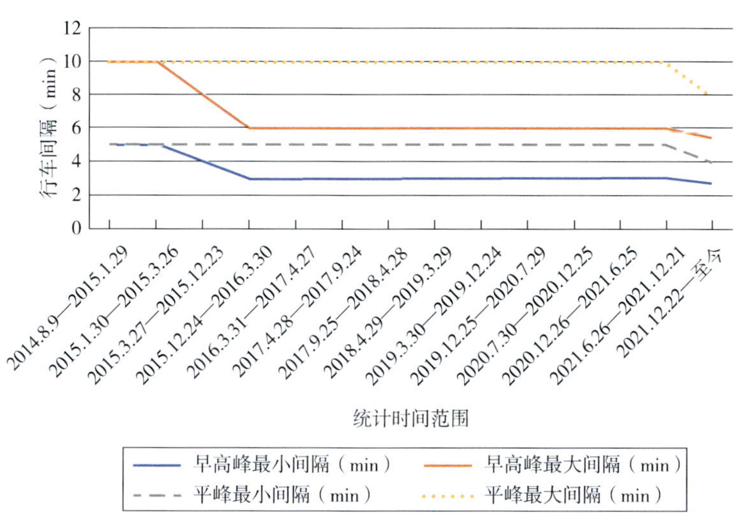

图 2-8 运行间隔变化趋势图

（1）运行间隔不断缩短

上海轨道交通 10 号线自运营以来，不断实施增能，缩短行车间隔，如图 2-8 所示。2021 年 12 月，上海轨道交通 10 号线早高峰增投 12 列车，共线段江湾体育场站—龙溪路站方向行车间隔由平均 3min 缩短为 2.5min，运能提升 16.7%，服务水平显著提升。

（2）列车周转时间减少

全自动运行系统运作高效，列车运行速度更贴近目标曲线，驾驶员无须在车站进行重复的确认作业，大大提升了列车的旅行速度，减少了列车的周转时间。

（3）列车出入库时间减少

上海轨道交通 10 号线全自动运行系统不仅在正线进行应用，车辆基地内同样采用与正线一致的全自动运行系统。相比人工驾驶线路车辆基地一般采用的向前限制性人工驾驶（Restricted Manual Driving mode Forward，RMF）运行模式，全自动运行模式下的列车运行安全系数得以提升，列车平均出入库时间减少了 50%。

（4）每公里配员数减少

依托全自动运行系统，驾驶员不再操控列车，转至车厢巡检及提供客运服务，这可适当地与其他岗位作业进行复合，以提升人员利用率。此时，在全自动运行系统的支持下，采用运维一体化的运作模式，实现了多个岗位的人员复合。据统计，2019 年上海轨道交通 10 号线人员配属数较 2014 年每公里减少了约 10 人。

正如前文所述，上海轨道交通 10 号线从线路建设筹备开始，上海地铁第一运营有限公司经过运营筹备、全自动运行调试及投用、持续优化提升这三个阶段的不断优化完善，积极探索技术革新、不断总结运营管理及人才培养经验，同时从运营安全风险辨识、评估及管控，并且在隐患排查、治理等方面积累丰富的安全管控经验。设施设备的优化、行车计划的调整、预案的更新，使得上海轨道交通 10 号线这条国内首条大客流高运量、复杂运行交路、自动化等级最高、国际上首条日客流超过百万人次的全自动运行地铁线路在高密度运营上迈出了坚实步伐，累积了丰富经验。

上海轨道交通 10 号线大运量高密度运营正在积极推进中，基于 100s 行车间隔高峰半小时常态运营，积极探索大运量高密度全自动运行线路的运营管理。100s 行车间隔对专业联动性、列车准点率、设施设备可靠性、车站应急处置等综合管理能力要求极高。各个环节紧紧相扣，无论是乘客或是设备因素，一个小小的干扰或故障，都会牵一发而动全身。基于此，我们将在本书的后续章节中，从理论和实践层面，抽丝剥茧，以上海轨道交通 10 号线为例，深入探讨全自动运行线路大运量高密度运营的具体技术要点。

EXPLORATION AND PRACTICE OF
HIGH-DENSITY OPERATION WITH LARGE TRAFFIC VOLUME
ON FULLY AUTOMATIC LINES

第二部分

技术篇

EXPLORATION AND PRACTICE OF
HIGH-DENSITY OPERATION WITH LARGE TRAFFIC VOLUME
ON FULLY AUTOMATIC LINES

第 3 章

上海轨道交通 10 号线 100s 行车间隔运营方案

上海轨道交通 10 号线是国内首条按全自动运行系统进行设计的城市轨道交通线路，是上海市轨道交通路网中的重要骨干线路，与其他 10 条轨道交通线路形成 12 座换乘车站，在路网结构和网络效益上有着不可替代的作用，对促进上海市的经济和社会发展具有重要意义。线路途经上海市 9 个行政区，连接了客运交通走廊和大型客流集散点，形成了重要的综合交通枢纽，加强了与对外交通的联系，有利于促进长江三角洲城市群和经济区的发展。

基于承载超大规模网络运营的效率提升需求，通过前期试验、夜间测试等方法，遵循“从非高峰试跑到高峰运营”的技术路线，以全自动运行 7 年且运营可靠的上海轨道交通 10 号线作为试点，研究小间隔运营模式，但在实际工作开展前仍需要从信号、车辆、供电、机电设备等方面研究系统实际的执行能力。

3.1 基本情况

3.1.1 线路

上海轨道交通 10 号线（含二期）主线运营线路全长约 40.627km，支线运营线路长度约 4.66km。设车站 37 座，其中地下站 32 座，高架站 5 座；设吴中路、港城路 2

座停车场，溧阳路、凯旋路和港城路 3 座主变电所，吴中路控制中心及中山北路备用控制中心。上海轨道交通 10 号线配线情况如图 3-1 所示。

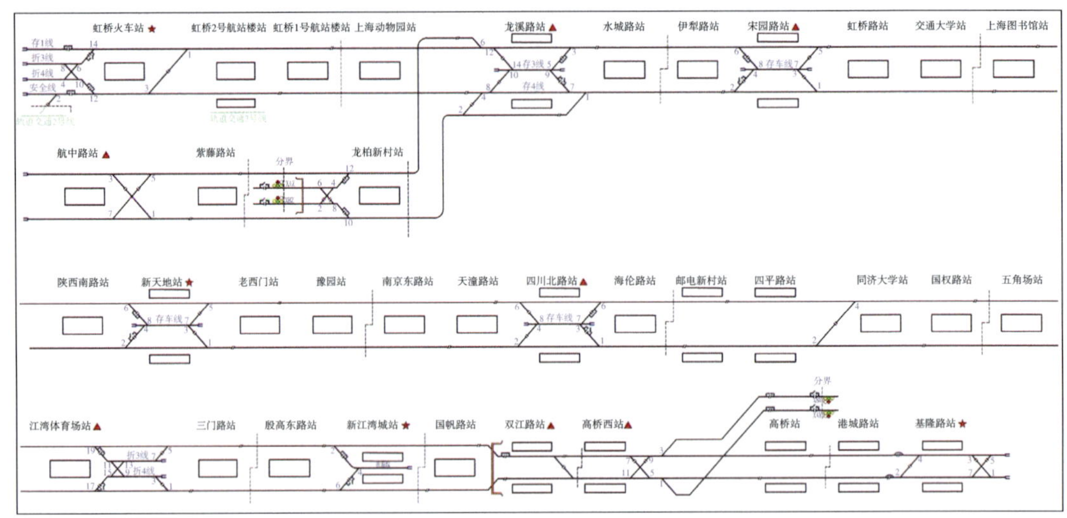

图 3-1　上海轨道交通 10 号线配线配置

宋园路站、一大会址·新天地站、四川北路站均设有贯通式存车线（图 3-2）：采取两端布置对称式 9 号三开道岔，使存车线可以分别开通上、下行正线和安全线 3 个不同线路方向。

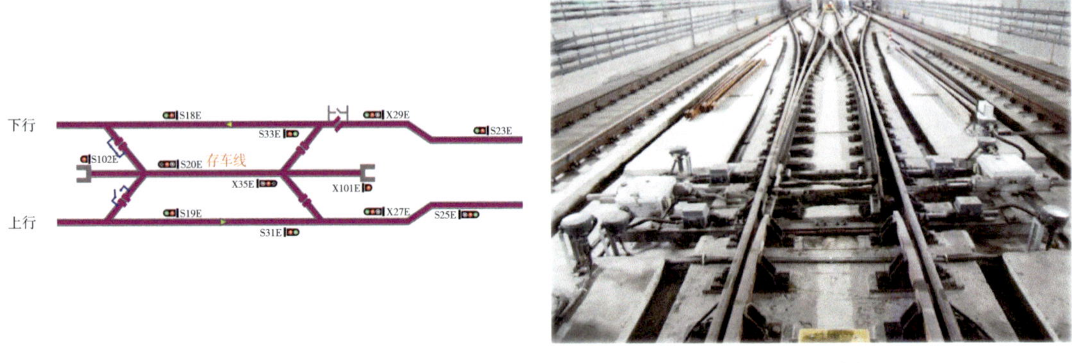

a）贯通式存车线　　b）三开道岔

图 3-2　宋园路站的配线配置图

三开道岔是将一个道岔纳入另一个道岔内构成的一种特殊道岔形式。通过一组道岔可以实现分别开通 3 个不同方向线路。在需要连接较多线路，而地形又受到限制、没有条件在主线上连续铺设 2 个单开道岔时使用。与 2 个单开道岔相比，三开道岔的布置型式可以缩短道岔区段长度，节约土建空间，降低造价，能有效解决线路隧道空间相对较小问题。

宋园路站采用 2 组三开道岔作为列车临时折返车站的道岔，使用频次最高为日均折返 20 列次。从历史运营情况分析，三开道岔运作情况基本正常。

但由于三开道岔采取 2 根尖轨叠加的方式，其尖轨较薄、强度较低，所以道岔频繁转换使用时，尖轨磨损较大，转辙机使用寿命短，且磨耗程度与使用频次直接相关。另外，设备动作阻尼大，道岔动作油压高，易发生油路故障。

此外，三开道岔故障应急处置也较为复杂。三开道岔由于本身结构的原因，当发生故障，进行人工办理进路时，必须先后手摇 2 副道岔，再分别对 2 组尖轨使用专用钩锁器进行锁闭，与单开道岔相比，人工转换道岔作业时间要增加 1 倍，对运营造成的影响更大。其次，三开道岔的进路方向确认比较复杂，必须采取逐个确认的方式对开通位置进行检查，才能确保进路绝对安全。

基于上述原因，宋园路站、一大会址・新天地站、四川北路站虽然也可以作为交路折返站，但不适合做常用交路折返站。因此，该线路条件限制半小时常态运营方案选择。

3.1.2　设施

上海轨道交通 10 号线采用全自动运行模式，正线信号系统采用全自动信号系统。车辆采用 A 型车，初、近、远期均采用六节编组列车（4 节动车 + 2 节拖车），最高运行速度为 80 km/h。供电采用集中供电方式，即从城市电网以 110kV 电源接电，同时设置 110/35kV 主变电所，以 35kV 电压网向全线牵引变电所、降压变电所供电。上海轨道交通 10 号线工程采用综合监控系统，集成互联乘客信息系统（Passenger Information System，PIS）、广播报警系统（Public Address，PA）、视频监控系统（Closed Circuit Television，CCTV）、电力数据采集与监视控制系统（Supervisory Control And Data Acquisition，SCADA）等子系统，保证全自动运行功能联动。

3.1.3　客流

上海轨道交通 10 号线目前的运营范围为基隆路站—虹桥火车站 / 航中路站，全日双向客流总量达到约 90 万人次。进站量最大的是南京东路站，约为 4.03 万人次。全日高断面为“宋园路站—虹桥路站”区段，断面客流为 16.4 万人次 /d；高峰小时高断面为“天潼路站—四川北路站”区段，断面客流为 3.49 万人次 /h。

从近两年上海轨道交通 10 号线断面客流的变化看，无论是全日还是高峰小时客流的最大断面，大概率是出现在“宋园路站—虹桥路站”区段或“天潼路站—四川北路站”区段，且这两个断面的量级基本相差不大。这两个区段均位于与上海轨道交通 4 号线（环线）的换乘节点前后，一个位于环线西段虹桥路站附近，一个位于环线北段海伦路站附近，这表现出上海轨道交通 10 号线与环线交互量较大的特点，因此造成客流断面极大值出现在上述两个换乘车站附近。

3.1.4 运能分析

当最大输送能力基本接近高峰最高断面客流时，表示为运能接近于运量，此时运能与运量的适应度较高。运能与运量相适应是运营部门期望的最理想的状态，既能让乘客感觉舒适，又不会造成资源浪费，最大化运营效益。图 3-3 展示了 2020 年上海轨道交通 10 号线客流与运能匹配情况。

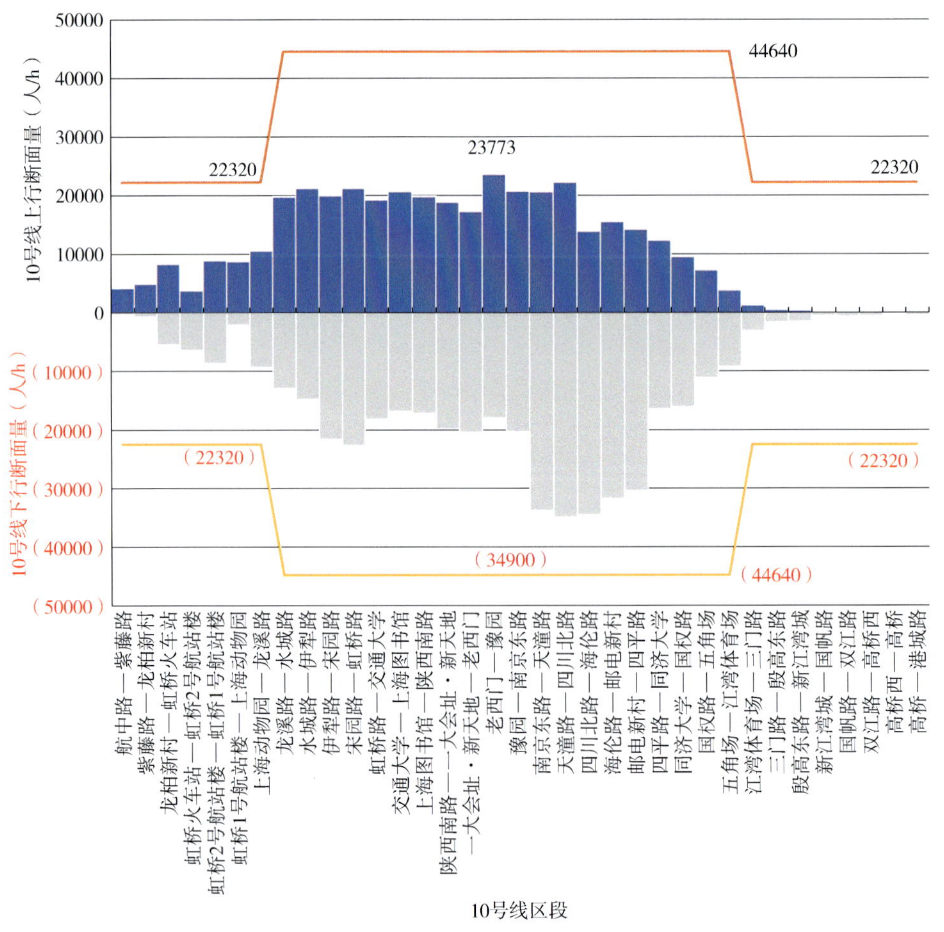

图 3-3 2020 年上海轨道交通 10 号线早高峰小时运能运量匹配情况

如图 3-3 所示，上行最大断面客流出现在“老西门站—豫园站”区段，断面量为 23773 人 /h。下行方向连续 5 个区段超过最大运能 22320 人 /h，分别是“四平路站—邮电新村站”“邮电新村站—海伦路站”“海伦路站—四川北路站”“四川北路站—天潼路站”“天潼路站—南京东路站”，其中最大断面客流出现在“海伦路站—四川北路站”区段，断面量为 34900 人 /h。

上海轨道交通 10 号线早高峰时段运行间隔为 2.5min，每小时开行 24 对列车。根据 A 型车满载 310 人计算，“龙溪路站—江湾体育场站”区段最大运能为 44640 人 /h。可以看出目前 10 号线的运能运量匹配性属于运能与运量相适应，达到舒适状态。

根据 2035 年远期预测客流量，上海轨道交通 10 号线早高峰小时断面客流分布如图 3-4 所示。从图中可以看出，10 号线远期预测上行最大断面客流出现在“交通大学站—上海图书馆站”区段，断面量为 31400 人 /h；下行最大断面客流出现在“海伦路站—四川北路站”区段，断面量为 40800 人 /h。

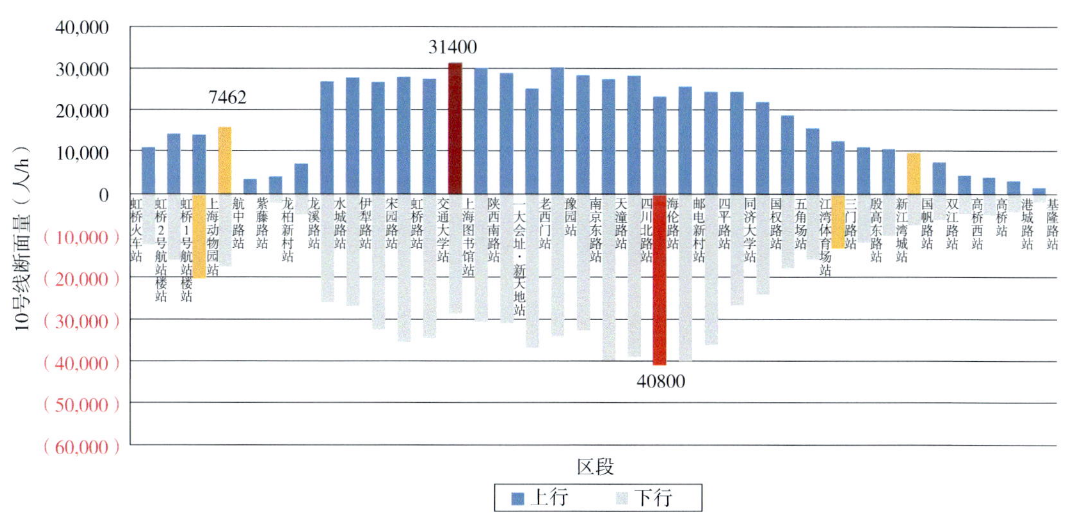

图 3-4　远期 2035 年预测的早高峰小时客流断面图

按“龙溪路站—江湾体育场站”区段行车间隔为 150s，每小时开行 24 对列车，A 型车满载 310 人计算，线路最大运能为 44640 人 /h，运能与运力总体相适应，且运能富余率为 8%。

按“龙溪路站—江湾体育场站”区段行车间隔为 100s，高峰小时每小时开行 36 对列车，A 型车满载 310 人计算，线路最大运能为 66960 人 /h，运能富余率为 39%。

根据《城市轨道交通无人驾驶系统应用研究课题总报告》中的轨道交通舒适度的设计要求，2012 年车辆额定密度（每平方米站立乘客数量）为 5 人 /m^2，2035 年车辆额定密度为 4 人 /m^2。按车辆额定密度为 4 人 /m^2 计算，运能富余率为 23.8%，可见，高峰时段 100s 小间隔运营实施是必要的。

3.1.5 系统功能

全自动运行系统在具备以下功能后，能进一步保证列车全自动运行的小间隔运营：

（1）列车站台自动对位

列车到站对位不准，在允许误差范围内自动执行站台对位功能。列车在自动驾驶模式（Automatic Train Operation Mode，AM）下，当发生列车停站误差（过停 0.5 ～ 5m，欠停 0.5 ～ 6m）时，列车将启动自动对位功能，在允许误差范围内自动执行站台对位调整。若经过 3 次调整后仍不能实现对位，可执行列车自动跳站或由 OCC 确认是否跳站；若列车过停（超过 5m），可执行列车自动跳站或由 OCC 确认是否跳站。避免了人工干预，提高再次对位的成功率。

（2）列车站台自动发车

列车在全自动运行模式下可根据运行计划自动发车。在满足发车条件且停站时间结束后给列车发送发车指令，车辆根据信号指令控制列车发车，通过声光报警提示车门即将关闭，并将站台门的状态信息传送给信号系统和综合监控系统。

站台门与车门联动关闭后，站台间隙探测系统可对站台门与列车之间间隙进行探测，并持续至探测时间（可调）结束为止。站台门关闭且将锁闭状态（包含间隙探测结果）持续发送给信号系统，作为列车站台发车的前提条件之一。

（3）列车自动开 / 关门

全自动运行模式列车到站对位并准确收到车载信号系统发送的开门码后，车门与站台门根据联动功能自动开启，乘降作业完毕，列车根据运行计划离站时，车门与站台门自动关闭。

（4）列车自动折返

系统根据运行计划自动办理折返进路并发车。车辆能够根据列车端部激活状态控制头尾灯，根据信号系统的指令折返。能够自动更换驾驶端（换端），换端后自动匹配新的运行计划。全自动运行模式下，列车在站前折返换端时能保持开门状态。

（5）站台自动清客

列车到达运行计划终点站后自动执行到站清客广播（终点站广播），并自动扣车，车辆能够根据信号指令执行清客广播。

当调度确认完成清客后，或车站清客确认按钮被激活（如有）后自动取消扣车，列车自动发车回库或进入停车线。

（6）系统自动扣车

系统能够对线路区间列车数进行监控，并在超过系统允许的最大列车数时，对站台设置扣车功能，待列车到达站台自动执行扣车作业，当区间列车数小于系统设定数值后，可以自动取消扣车。自动扣车还涉及当区间列车车尾至站台端头距离无法满足站台列车整列出清站台时，也会将列车自动扣于车站的情况。当列车停于站台，前方无足够的安全距离时，系统也将启用列车自动扣车，为列车运行安全提供了保证。

（7）列车工况模式自动转换

列车根据运行计划自动执行工况模式转换，控制列车车厢内照明、空调设备。车辆根据信号系统发送的工况指令，自动控制空调、照明设备，并向信号系统反馈列车工况执行情况。根据运行计划自动向列车下发相应工况指令，OCC 调度工作站能显示列车工况执行情况。

（8）列车自动出入库

视频 2：列车自动出库

列车根据出入库计划执行车辆基地（停车列检库）与正线之间的全自动运行。列车根据信号指令自动出入库运行，列车匹配运行计划后，能够自动分配目的地码，按照编制的计划自动执行出入库作业，合理进行出入库进路路径选择，提高了作业效率。

（9）列车远程在线检测

视频 3：控制中心

OCC 对列车设备状态、列车关键设备故障进行实时监控和警告。车辆与运营安全相关的列车设备状态和关键设备故障警告应能实时正常上传至 OCC，并在列车在线监测平台显示，其余信息回库传送或下载。

（10）车门及站台门对位隔离

列车进站前收到车门、站台门的故障隔离信息后，列车到站时，对应的站台门和车门保持关闭，不会打开。能够对单扇或多扇故障门进行隔离，无须人工干预，简化了故障处置流程，同时大大提高了故障处置可用时长，为正常运营提供有力保障。

车门对位隔离站台门：车门因故障被隔离后，列车运行至站台，自动隔离对应的站台门，站台门对位隔离后不执行开门动作。

站台门对位隔离车门：站台门因故障被隔离后，列车运行至站台，自动隔离对应的车门，车门对位隔离后不执行开门动作。

（11）紧急制动自动缓解

列车运行自动控制（Automatic Train Control，ATC）输出紧急制动命令，部分紧急制动在触发原因撤销后可自动缓解，列车能根据信号指令施加或缓解紧急制动。信号系统在检测到不满足安全条件时，自动触发紧急制动，触发紧急制动原因撤销且满足安全条件后，自动缓解紧急制动。

（12）站台联动开 / 关门

车站工作人员可通过操作站台上的联动开 / 关门按钮，远程控制停站列车的车门和站台门联动打开、关闭。

联动开 / 关门按钮激活后，信号系统能发送车门 / 站台门联动开 / 关门指令至车辆和站台门，车辆（站台门）能接收信号发出的联动开 / 关门指令。站台联动开 / 关门流程图如图 3-5 所示。

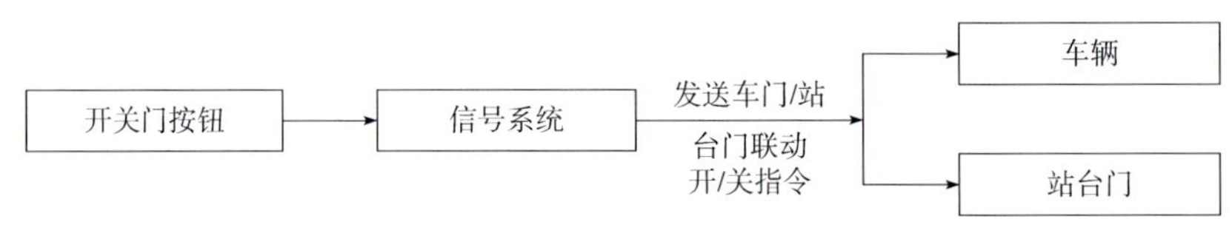

图 3-5　站台联动开 / 关门流程图

（13）站台门间隙探测

站台门间隙探测装置能对车门和站台门间隙夹人夹物情况进行探测，触发后在

OCC 进行报警，系统禁止列车发车。

站台门关闭且锁闭状态（含站台门间隙监测装置的输出）可以作为发车条件，当发生夹人夹物时能禁止列车发车，响应就地控制盘（Platform Screen Doors Local Control Panel，PSL）命令联动开 / 关车门和站台门。综合监控接收站台门信息并在综合监控终端上显示图形化状态。

站台门间隙探测装置能将报警信息发送至信号和综合监控系统。站台门与车门关闭后，站台门间隙探测装置应对站台门与列车之间的障碍物进行探测，探测结果能包含在站台门关闭且锁闭状态中持续发送给信号系统，通过 PSL 发出联动开 / 关车门和站台门指令。

上海轨道交通 10 号线于 2014 年开通全自动运行模式，全自动运行系统并非在线路开通初期即投入使用，而是经过多年的探索实践，通过“后备点式列车自动防护模式（ATP）”“基于通信的列车控制模式（CBTC）”“全自动运行模式”分步投用的方式，逐步实现了全自动运行各个设施设备的系统功能的升级，功能的完善保证了小间隔运行可靠性。

3.2 行车组织

优化行车间隔离不开合理的行车组织方案，城市轨道交通行车组织方案包括列车编组方案、列车运行交路方案、车站配线设置、全日行车计划、车辆配备计划等，合理的列车交路方案能够有效解决客流波动下城市轨道交通运营组织运能与需求的矛盾、服务水平降低的问题。

3.2.1 全日行车计划

全日行车计划是规定轨道交通运营时间内各个小时开行的列车对数计划，它是城市轨道交通线路的日常计划和运输任务，包括编制列车运行图，计算运输工作量和确定车辆运用的基础资料。

全日行车计划编制程序包括四个部分：计算运营时间内各小时开行列车数、计算行车间隔、对各行车间隔进行调整、最终确定行车计划。本研究以最小行车间隔为出发点，计算开行列车数及高峰小时运输能力。

$$n = \frac{60}{t_{间}} \tag{3-1}$$

式中：$t_{间}$——行车间隔时间（min）；

n——小时开行列车数（列）。

根据计算，100s 行车间隔需要设计开行 36 对的开行方案。

3.2.2　车辆运用计划

列车运用计划是指在一定类型的设备和行车组织方法下，为完成运输任务所必须保有的列车，包括运用车、检修车、备用车。

列车运用车数是指可以完成所设计运输任务而配备的技术状态良好的列车数量。

$$N = \frac{n_{高峰}\theta_{列}m}{60} \tag{3-2}$$

式中：N——运用车数（列）；

$n_{高峰}$——高峰小时开行列车数（对）；

$\theta_{列}$——列车周转时间（min）；

m——列车编组数（列）。

根据计算，对于设计开行 36 对（预留 4 对能力）的方案，上海轨道交通 10 号线需上线车 91 列，运用车 93 列，配属车 105 列。

3.2.3　列车交路计划

列车交路计划是根据运营组织的要求及运营条件的变化，按运行图或由调度指挥列车按规定区间运行、折返的列车运行计划。列车交路计划规定了列车运行区段、折返车站以及按不同交路运行的列车对数。

根据上海轨道交通 10 号线配线、设备情况，以及 2035 年远期高峰小时断面客流预测，规划设计开行 40 对上下行不对称交路方案（图 3-6）。

该交路方案采用上下行不对称交路，下行 30 对 /h，上行 40 对 /h，主支线比 2 ∶ 1，共有四个交路。

交路 1：虹桥火车站—基隆路站。

交路 2：航中路站—江湾体育场站。

交路 3：虹桥火车站—新江湾城站。

交路 4：高桥西站—龙柏新村站（上行单边插车）。

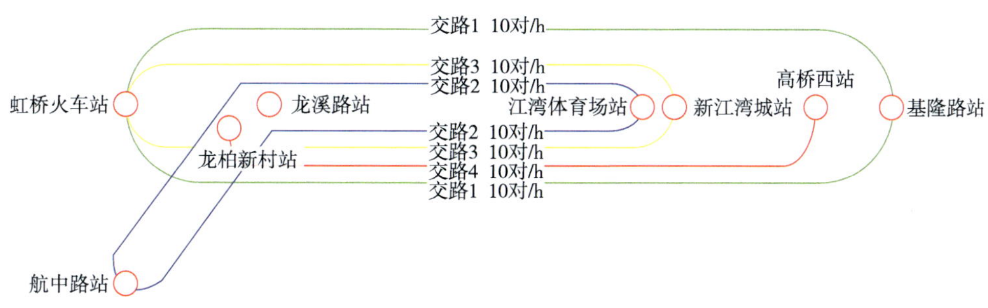

图 3-6　上下行不对称交路方案

车站的折返能力要求：虹桥火车站折返能力要求为 20 对 /h，航中路站的折返能力要求为 10 对 /h，江湾体育场站的折返能力要求为 10 对 /h，新江湾城站的折返能力要求为 10 对 /h。

该方案小交路折返点分散在江湾体育场站及新江湾城站，其中新江湾城站折返能力要求为 10 对 /h，上行分叉能力为 30 对 /h；江湾体育场站折返能力要求为 10 对 /h，上行分叉能力为 40 对 /h，下行汇合能力为 30 对 /h。

该开行方案需上线车 91 列，运用车 93 列，配属车 105 列，而由于目前上海轨道交通 10 号线的配属车辆数不足，达不到列车周转所需的车辆数，因此编制第一阶段方案时，先按上行单边半小时运行方案设计。（图 3-7）。

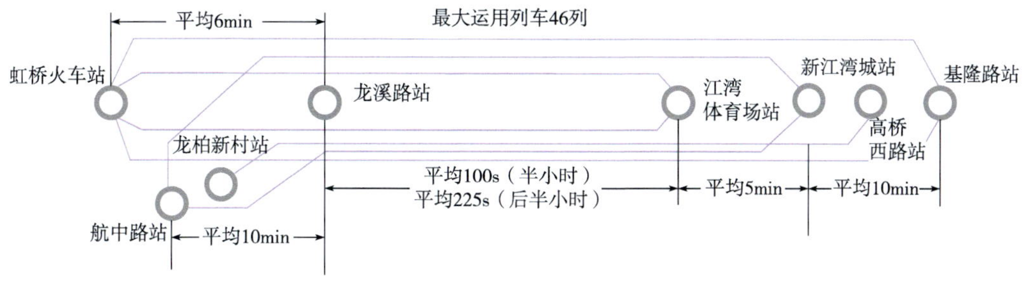

图 3-7　上行单边半小时运行交路

3.2.4　运行指标

按上下行不对称交路方案和单边半小时运营交路方案分别作为远期和近期的推荐实施交路，对停站时间、追踪时间、折返能力等各设施设备能力进行评估。

（1）停站时间

列车停站时间是决定轨道交通系统通过能力的一个关键因素，同时也是列车运行调整和制定列车运行图的重要参数。因此，合理确定列车在各站的停站时间，并准确预测出列车在各站的实际停站时间具有重大意义。城市轨道交通列车的停站时间主要是指从列车进站停车开始至列车关门完毕从车站出发时止的这段时间（图 3-8）。停站时间 $t_{站}$计算公式如下：

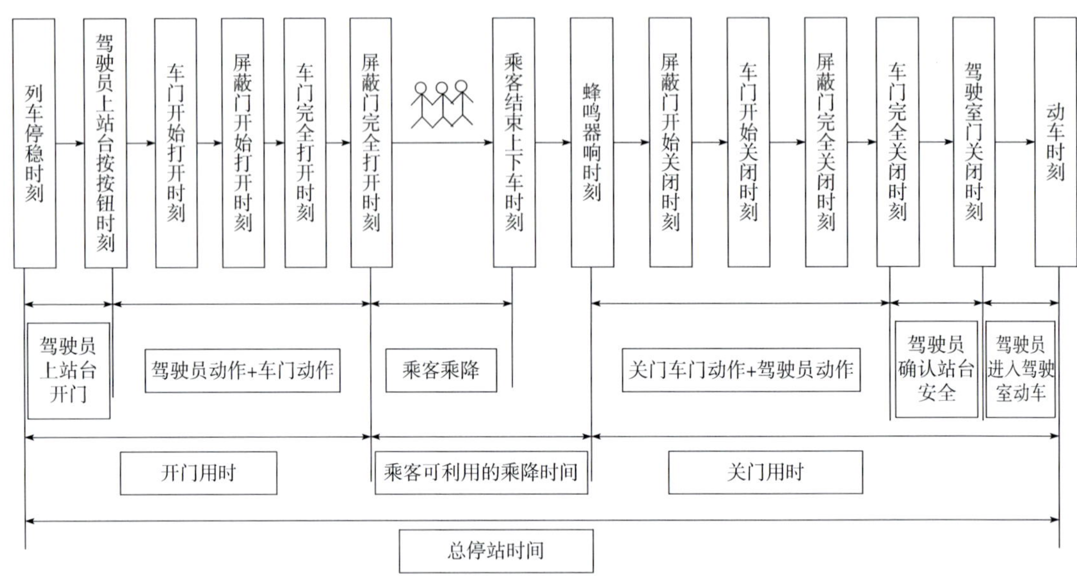

图 3-8 停站时间构成

$$t_{站} = \frac{(p_{上} + p_{下})t_{上,下}h}{nmd} + t_{开} + t_{关} - t_{\Delta} \quad (3\text{-}3)$$

式中：$t_{开}$、$t_{关}$、t_{Δ}——分别为开门时间、关门时间、开关门与乘客上车重叠时间（s）；

$p_{上}$、$p_{下}$——分别为上客量、下客量；

$t_{上,下}$——平均每人上下车时间（s）；

h——高峰小时系数；

n——高峰小时列车数；

m——列车编组数；

d——每车每侧车门数。

上海轨道交通 10 号线列车的停站时间平均在 25 ～ 40s 之间，经过仿真验算，可以满足 100s 行车间隔的停站时长要求。

（2）追踪间隔

根据信号供应商提供的信号系统设计的线路区间追踪间隔（表 3-1），均小于 100s，满足要求。

正线区间追踪间隔 表 3-1

站　台	站　台	上行各区间间隔（s）	下行各区间间隔（s）
虹桥火车站	虹桥 2 号航站楼站	90	—
虹桥 2 号航站楼站	虹桥 1 号航站楼站	90	91
虹桥 1 号航站楼站	上海动物园站	90	91
上海动物园站	龙溪路站	95	91
航中路站	紫藤路站	86	—
紫藤路站	龙柏新村站	78	79
龙柏新村站	龙溪路站	81	83
龙溪路站	水城路站	86	93
水城路站	伊犁路站	78	87
伊犁路站	宋园路站	86	83
宋园路站	虹桥路站	84	85
虹桥路站	交通大学站	92	91
交通大学站	上海图书馆站	91	92
上海图书馆站	陕西南路站	85	95
陕西南路站	一大会址・新天地站	79	85
一大会址・新天地站	老西门站	91	87
老西门站	豫园站	84	78
豫园站	南京东路站	91	90
南京东路站	天潼路站	74	86
天潼路站	四川北路站	80	80
四川北路站	海伦路站	81	80
海伦路站	邮电新村站	87	86
邮电新村站	四平路站	94	85
四平路站	同济大学站	87	93
同济大学站	国权路站	84	87
国权路站	五角场站	87	87
五角场站	江湾体育场站	98	82

续上表

站台	站台	上行各区间间隔（s）	下行各区间间隔（s）
江湾体育场站	三门路站	85	88
三门路站	殷高东路站	86	84
殷高东路站	新江湾城站	86	87
新江湾城站	国帆路站	91	88
国帆路站	双江路站	92	87
双江路站	高桥西站	75	90
高桥西站	高桥站	98	93
高桥站	港城路站	95	92
港城路站	基隆路站	—	93

3.2.5 关键车站折返能力及分叉汇合能力

折返能力是决定整个线路运能的关键，同时也是决定线路运行组织的重要因素。列车的折返能力不仅受到折返线类型的影响，还受到信号控制、列车运行组织方案、列车停站时间等因素的影响。

$$N_{折返}=\frac{3600}{I} \tag{3-4}$$

式中：I——折返间隔时间（s）。

线路的关键节点由交路的折返站构成，折返站的能力对线路实施 100s 间隔运营组织具有重要意义。针对上下行不对称交路方案和单边半小时运营交路方案中涉及关键节点车站，上海轨道交通 10 号线项目组联合信号供应商，开展了折返能力、分叉汇合能力线路模拟运行仿真。

根据折返能力仿真研究，虹桥火车站、航中路站、基隆路站、新江湾城站、江湾体育场站的折返能力和新江湾城站、龙溪路站的分叉汇合能力均能满足 100s 运行的要求。

江湾体育场站是一个中间折返站，具有较高的折返能力，可以作为小交路折返点，江湾体育场站线路图、汇合能力分析、分叉能力分析、折返能力分析分别如图 3-9 ～图 3-12 所示。

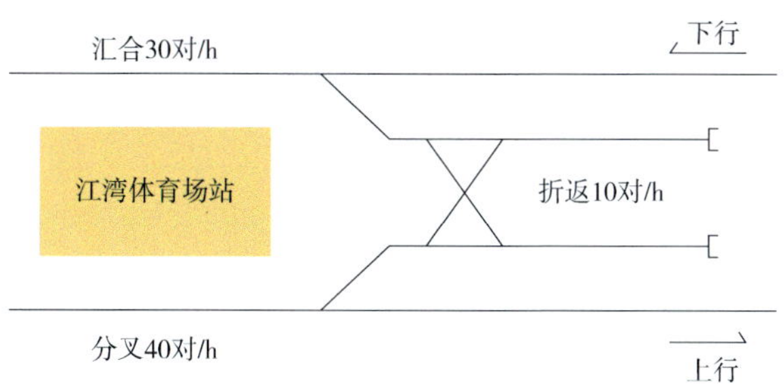

图 3-9　江湾体育场站线路图

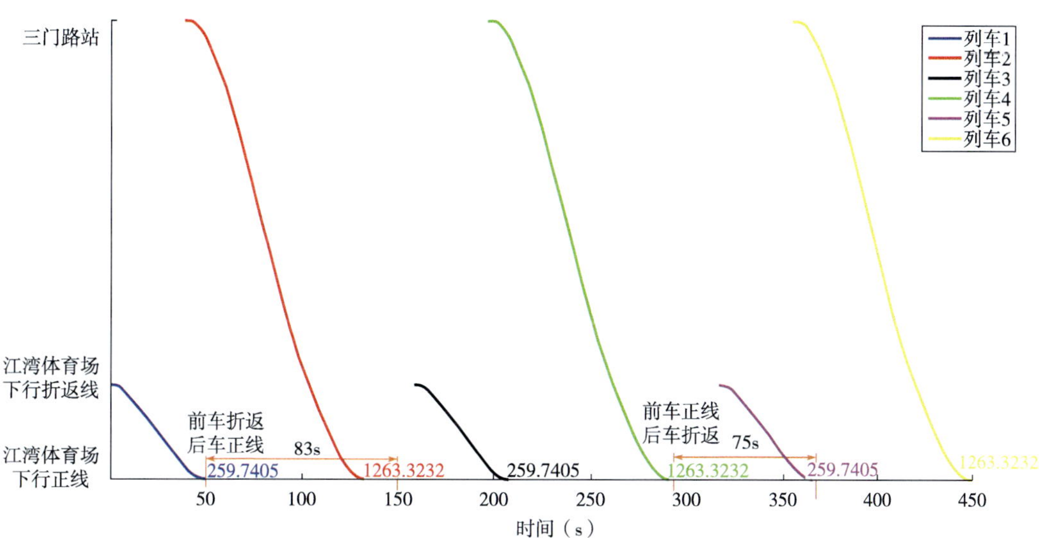

图 3-10　江湾体育场站汇合能力分析

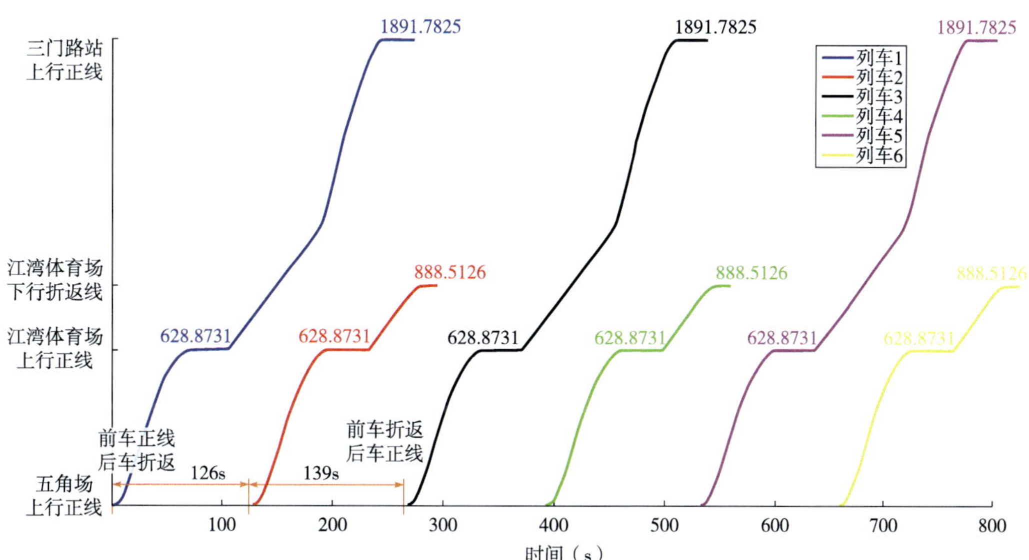

图 3-11　江湾体育场站分叉能力分析

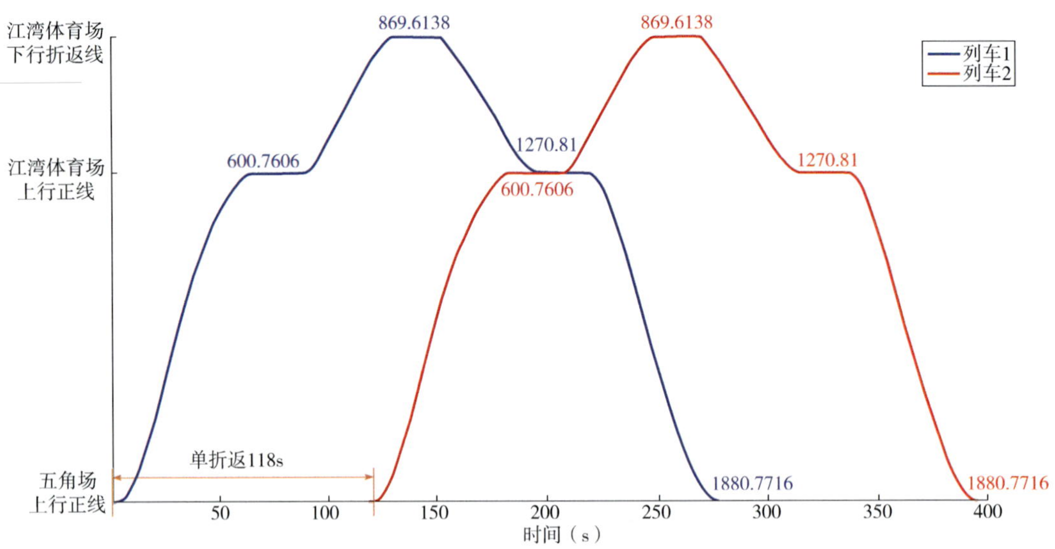

图 3-12　江湾体育场站折返能力分析

江湾体育场站仿真能力见表 3-2。

江湾体育场站仿真能力　表 3-2

项　目	走 行 路 径	间隔时间（s）	要求（s）	是否满足
江湾体育场站汇合	前车正线，后车折返	75	120（30 对 /h）	满足
	前车折返，后车正线	83		满足
江湾体育场站分叉	前车正线，后车折返	126	90（40 对 /h）	不满足
	前车折返，后车正线	139		不满足
江湾体育场站折返	单折返	118	360（10 对 /h）	满足

仿真结果可以看出江湾体育场站的分叉能力不能满足 100s 运行要求。

在第一阶段单边半小时常态运营交路方案中，考虑客流密度、运营场景等因素，上海轨道交通 10 号线依然选择江湾体育场站作为小交路折返站，实践篇中将针对临时终点站江湾体育场站分叉能力的瓶颈问题进行深入研究。

3.3　运营组织

3.3.1　管理模式

（1）运营管理模式

城市轨道交通线路的运营管理模式分为企业管控模式、生产组织模式两个层面。企业管控模式的典型模式包括：操作导向型（偏集权）模式、战略导向型（集分权结合）模式。

生产组织模式与生产部门的组织架构直接相关。运营单位以专业技术为管理支点设立专业生产中心，用以负责所辖各线路相应专业的生产管理工作，或是以线路范围为管理分界依据设立线路管理部，负责该线路所有业务的生产管理工作。

（2）运维一体管理模式

上海轨道交通常规线路的运营管理业务和维护管理业务分别由网络运营指挥中心和网络维护保障中心来管理，采用网络管理层（网络级）、线路控制层（系统级）、车站执行层（现场级）的三层管理架构。上海轨道交通 10 号线采用运营管理业务和维护管理业务为一体的集中管理模式，以满足全自动运行线路对控制管理高度集中化的要求。运维一体管理模式与运营管理模式最主要的区别在于岗位设置和岗位职责的变化。

运维一体管理模式下的全自动线路的管理分为线路管理层和车站现场执行层。其中，线路管理层的职能得到强化，承担全线的行车组织、调度指挥、票务管理、应急指挥、专业性维护（车辆、供电、通信和信号等）等线路系统级管理业务的运作；车站现场执行层作为现场执行主体，接受线路管理层指令，承担客流组织、客运服务、列车巡视、现场处置、一般性维护（车站设施设备维护、车辆基地维护等）等车站现场级管理业务的运作。全自动运行线路的列车运行由控制中心远程控制。

上海轨道交通 10 号线运维一体管理模式的优势在于：

①集约管理减少业务接口，生产流程更清晰。集约管理以线路集约为前提，调整整合现有线路维护部归属，调整后的维护部管理层负责为数字化综合运维模式下的线路生产管理提供决策和相关资源协调支撑，为前台、中台稳定运作提供支持保障。

②集合资源提升统筹效果，资源分配更合理。

③集中办公方式，故障处置更迅速。

上海轨道交通 10 号线充分发挥运维一体的线路管理模式优势，调度、乘务、客服、维修等专业紧密联动协作，通过方案桌面推演、夜间试跑、半小时常态运营，确保运营指令的快速响应，大大缩短了从夜间空载演练到高峰时段实战的周期。

3.3.2 应急组织

（1）应急管理体系

上海轨道交通 10 号线成立了安全生产小组负责管理运营突发事件，制定了《运营突发事件现场处置总体预案》，规范和完善了预警响应、运营保驾等级及工作指令发布程序，明确了各级预警应急响应执行标准和各级运营保驾工作措施，细化了预警信息传递和报告流程，进一步提升了突发事件运营组织保障的指挥能力。

100s 行车间隔运营期间发生故障的事件按照尽快恢复运营、降低对运营影响的原则进行应急处置，参照既有规定及《上海地铁第一运营有限公司 10 号线 100s 行车运营间隔突发事件现场处置方案》执行，应急指挥流程按照图 3-13 执行。

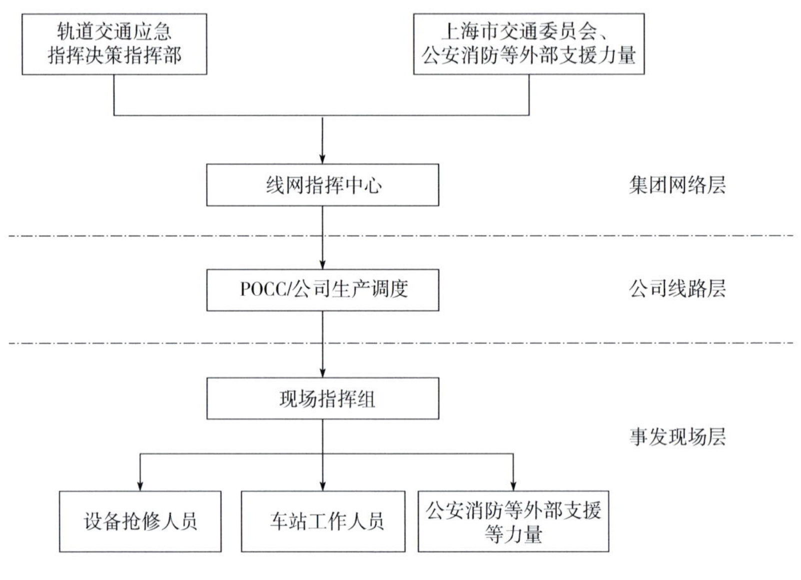

图 3-13 应急指挥流程

突发事件发生后，各岗位启动应急联动，多职能队员（列控）、多职能队员（站控）及时向 POCC 报告；当多职能队长（列控）、多职能队长（车站）在了解突发事件后，及时向生产调度、线路主管进行初报，在应急处置完毕、运营事件恢复正常后做好事件处置流程的评估、分析和总结工作，并逐级上报。

车站根据事态发展及现场情况，在外部方面，适时与社区街道、地区公安、轨道公安等部门联动协作，启动四长联动等应急处置机制，加强各自管辖范围内现场指挥。

（2）100s 运行下的应急管理的组织计划

上海轨道交通 10 号线编制了《上海地铁第一运营有限公司 10 号线 100s 行车运营间隔突发事件现场处置方案》，充分发挥“运维一体”的线路管理模式优势，集合调度、乘务、客服、维修等专业进行突发事件现场桌面推演。通过推演，明确了应急组织及指挥流程，同时为确保 100s 行车间隔运营期间的安全、快速高效处置突发事件提供有力支持。

半小时常态运营实施前，上海轨道交通 10 号线制定了《100s 间隔运营保驾工作方案》，明确运营期间各专业的安全管控措施，落实对参与人员的安全交底工作，运营期间对设备的功能状态、运行状态及信息显示进行现场确认并做好记录及评估工作，保证运营工作安全有序。相关应急预案的培训被纳入安全生产培训工作计划，以便组织实施各岗位的应急预案培训工作。

（3）100s 运行下的应急预案

上海轨道交通 10 号线在上海申通地铁集团的应急预案（总体预案、专项预案、现场处置方案）及其他作业规定的基础上，结合全自动运行模式线路运营实际情况，选取了“小间隔运营”中最具代表的专项现场处置方案作为补充。

在全自动运行模式下，开关门过程只依靠红外感应防夹系统的保障，缺少了多职能队员（列控）瞭望查看，增加了车门、站台门夹人夹物的风险，此外，100s 行车运营间隔容易导致站台门打开或关闭出现延迟，或者出现车门与站台门无法联动故障。因此，《上海地铁第一运营有限公司 10 号线 100s 行车运营间隔突发事件现场处置方案》中针对“小间隔运营”，共修订了 4 个现有的现场处置方案——《列车车门故障现场处置方案》《站台突发大客流现场处置方案》《车站火情火警现场处置方案》《车站失电现场处置方案》，新增了《站台门故障现场处置方案》和针对 UTO 运行模式下列车的《紧急驾驶台盖开启现场处置方案》，明确了启停条件和在高密度运营期间列车及车站站台发生突发情况下的应急处置流程和各岗位职责等。

3.3.3 客运组织

（1）客流特征分析

2021 年 7 月，上海轨道交通 10 号线单日日均客流量达 83.2 万人次。工作日以通勤客流及旅游购物客流为主，暑期以一大会址与外滩参观、游学、旅游、购物客流为主，节假日客流高于工作日。

根据上海轨道交通 10 号线日分时断面客流量，第一阶段选取晚高峰后平峰阶段进行半小时常态运营。

（2）突发情况下应急响应

上海轨道交通 10 号线自 2021 年 7 月 20 日起执行晚高峰后半小时常态 100s 行车间隔运营，若因 100s 行车间隔突发事件或设施设备故障而导致运能下降，引起车站站台 / 站厅区域客流积压，其他换入线路实施运能调整措施配合处置。

（3）站台客运组织对 100s 运营的影响

运营公司针对乘客进行全面宣贯，通过公司微信、微博等渠道发布半小时常态 100s 运营相关宣传信息，在各阶段按不同侧重点持续做好信息发布。

半小时常态 100s 运营的车站客流组织保障重点工作，车站做好车站客流监控，记录南京东路站上行 25 号及 26 号门、天潼路站上行 22 号门、江湾体育场站上行 6 号门的候车人数。

车站工作人员关注冲门情况，通过车站专项广播进行乘客引导，告知乘客后续列车即将进站，向乘客传递“在 100s 行车间隔条件下，下一班列车会马上进站，无需冲门”的理念，减少由于冲门导致的站台门故障。

3.3.4 人员技能

（1）多职能队伍

多职能队伍用于实现对运营现场的快速干预，负责所有车站和列车的巡视工作，并负责人工驾驶、列车故障处置、设施设备一级维修等业务。岗位设置为多职能队员（巡视）、多职能队员（站控）、多职能队员（列控）三个岗位。

（2）多职能队伍站台岗位作业要求标准

多职能队伍站台岗位具备以下作业标准要求的核心能力，可达到高密度运营的要求：

①车站运营设施设备的日常巡视；

②车站运营设施设备的基础保养；

③车站运营设施设备的应急处置；

④施工管理与委外作业管理；

⑤道岔保养作业；

⑥手摇道岔作业；

⑦按章办理客运作业；

⑧规范服务仪容仪表、举止；

⑨正确使用服务用语、作业标准；

⑩票务设备基本操作；

⑪设备故障、突发情况时的应急处置、客流组织；

⑫消防、环控设施的基本操作。

（3）无人驾驶线路 100s 情况下最小作战单元协同特点分析

全自动运行模式下，线路安全高效运营的关键在于系统中不同岗位人员高质量地完成本岗位的工作。100s 行车间隔导致隧道行车风压对滑动门开关门过程的产生一定影响，运动部件发生机械卡阻，导致站台门动作延迟、故障或报警，尤其是陕西南路站和交通大学站两个曲线站台车站，部分门体反复出现关门延迟故障。需要提高多职能队伍的风险辨识能力、隐患排查能力、故障维修能力及应急处置能力，开展多专业协同的突发事件现场桌面推演和《站台门故障现场处置方案》演练。

第 4 章

上海轨道交通 10 号线设施设备子系统

全自动运行系统是涉及多专业的综合性系统工程，各专业联系密切，深度集成，提升了轨道交通的整体自动化水平。其中，信号、车辆、供电、站台门系统、综合监控称为全自动运行的五大核心系统，各系统相较于传统线路在系统架构、运营功能、设备配置方面均有所增强。

4.1 信号系统

无人驾驶信号系统是基于车—地双向无线通信的移动闭塞 CBTC 系统，采用点式 ATC 系统作为后备列车控制系统。无人驾驶系统可以将多职能队员（列控）执行的工作，完全由自动化、高度集中控制的列车运行系统完成。无人驾驶系统具备列车自动唤醒、启动、休眠、自动出入停车场、自动清洗、自动行驶、自动停车、自动开（关）车门、故障自动恢复等功能。并且具有常规运行、降级运行等多重运行模式。

4.1.1 系统结构

上海轨道交通 10 号线采用全自动运行模式，正线信号系统采用完整的无人驾驶信号系统，即由 ATS + ATP（含联锁）+ ATO 子系统构成。停车场、车辆段也采用与正线一致的无人驾驶信号系统。

无人驾驶信号设备可放置在控制中心、联锁集中站、车辆段、列车上以及轨旁。

CBTC 系统设有两个控制中心，一个是主控制中心，另一个是备用控制中心，其监控功能基本相同。主控制中心内设有列车运行监控子系统（ATS），以实现对全线列车运行监督和控制；线路控制器（Link Controller，LC）可以提供正线所有信号设备和进路的状态以及进路地图信息，是中央信息系统；线路数据存储单元（Data Storage Unit,DSU）子系统可以用来存储软件版本和线路的静态数据；网络管理系统（NetWare Management System，NMS）为数据通信系统提供配置、保密、故障管理等功能；维护支持系统（Management Support System，MSS）使维护技术人员实时了解所使用的网络管理协议设备的配置和状态。备用控制中心的设施与主控制中心基本相同，但不设维护支持系统，而增设了 ATS 培训模拟系统。

停车场配有本地列车运行监控子系统（Local Automatic Train Supervision，LATS），用于对停车场内列车运行的监督和控制；计算机联锁系统（Computer Interlocking，CI）实现停车场内的联锁控制。为了实现停车场内的无人驾驶，还配有一套区域控制器（Zone Controller，ZC），用以对停车线、出入库线和试车线的运行管理，并执行 ATP、ATO 的相关功能；另外设有 2 套 ATS 终端，以完成控制中心与停车场之间的列车运行控制；维护支持系统（MSS）可以提供信息记录和故障查询。

联锁集中站管辖所在区域的有岔站和无岔站，联锁集中站内设有区域控制器，控制相关区域的列车，按照移动闭塞的方式运行，实现列车运行间隔控制。每个联锁集中站还配置一套冗余的 LATS 子系统与本地联锁系统。LATS 子系统用以监督和控制该联锁集中站所管辖区域的设备和列车；本地联锁系统用于控制该联锁集中站所管辖区域内的轨旁信号设备，实现相应的联锁功能。

CBTC 系统的轨旁设备主要包括：有源 / 无源信标、计轴器、信号机和转辙机。其中有源信标、计轴器和信号机用于 CBTC 降级模式。

为了满足全自动无人驾驶系统的需求，CBTC 系统采用双车载 ATC 系统的结构设计。每列车上设置了两台车载控制器、相关的输入 / 输出模块、以及相应的传感器。这种热备模式结构能够满足 ATP 和 ATO 功能，实现列车的全自动和人工驾驶。

4.1.2 主要功能

无人驾驶信号系统包括列车自动监控（ATS）、列车自动防护（ATP）、列车自动驾驶（ATO）、计算机联锁（CI）、数据通信（Data Communication System，DCS）及维护支持系统（MSS）。

ATS 子系统在 ATP 子系统、CI 子系统、ATO 子系统的支持下，完成对全线列车运行的自动管理和监控。由 ATP 子系统确保列车运行安全，提供列车间隔保护、超速防护，实现车门和站台门等安全监督防护。ATO 子系统是控制列车自动运行的设备。CI 子系统可实现轨道区段、道岔、信号机之间正确的联锁关系，遵循故障导向安全原则，保证列车运行安全。DCS 子系统可实现车载和轨旁设备间无线传输以及控制中心与车站间有线传输的通信任务。MSS 子系统可实时监测信号设备状态以及维护数据统计，便于信号设备维护。

为确保列车正常运行，系统采用多重冗余技术。其中凡涉及行车安全的计算机系统均采用“三取二”或“二乘二取二”热备的安全冗余结构，并满足“故障导向安全”原则。

（1）ATS 系统

ATS 系统是一个分布式的计算机监控系统，采用双机热备冗余方式，确保系统的可靠性。ATS 系统由控制中心、设备集中车站、停车场、车辆段以及非设备集中站设备组成。ATS 系统可实现以下基本功能：

①根据联锁表、计划运行图及列车位置自动生成进路控制命令，传送至车站联锁设备，设置列车进路、控制列车停站时分。

②列车识别跟踪、传递和显示功能。系统能自动完成正线区段内列车识别号（服务号、目的地号、车体号）跟踪，列车识别号可由中央 ATS 自动生成或调度员人工设定、修改，也可由列车经车—地通信向 ATS 发送识别号等信息。

③列车计划与实迹运行图的比较和计算机辅助调度功能。能根据列车运行实际的偏离情况，自动生成调整计划供调度员参考或自动调整列车停站时分，控制发车时间。

④ ATS 中央级故障情况下的降级处理，设备集中站 ATS 设备给出中心故障报警，多职能队员（站控）将控制模式切换至站控模式。由 ATS 车站级设备实现自动进路，

控制列车运行，也可由车站人工进行进路控制。

⑤在计算机辅助下完成对列车基本运行图的编制及管理，并具有较强的人工介入能力。设在车辆段的终端向车辆段管理及行车人员提供必要的信息，以便编制车辆运用计划和行车计划。

⑥列车运行显示屏及调度台显示器，能对轨道区段、道岔、信号机和在线运行列车等进行监视，能在行调工作站上给出设备故障报警及故障源提示。

⑦在中央专用设备上提供模拟和演示功能，用于培训及参观。能自动进行运行报表统计，并根据要求进行显示打印。

⑧在车站控制模式下与计算机联锁设备结合，将部分或所有信号机置于自动模式状态。

⑨与综合监控系统（Integrated Supervisory Control System，ISCS）接通，接收通信时钟、电力监控、火灾报警等信息；向无线、广播、乘客向导系统提供必要的信息。

（2）ATP 系统

ATP 系统是保证列车运行安全的系统，采用移动闭塞技术，实现最佳行车间隔。为符合“故障—安全原则”，ATP 系统设有轨旁设备和车载设备。轨旁设备包括区域控制器（ZC）、线路控制器（LC）、线路数据存储单元（DSU）、信标等；车载设备包括车载控制器（CC）、编码里程计、信标天线。该系统可以实现以下基本功能：

①确保列车进路正确及列车运行安全。

②根据列车位置报告，计算列车的移动授权，确保同一路径上的不同列车之间具有足够的安全距离，防止列车冲撞。

③防止列车超速运行，保证列车速度不超过线路、道岔、车辆等规定的允许速度。

④为列车车门的开启提供安全、可靠的信息。

⑤当出现任何车—地通信中断以及列车的非预期移动（含退行）、任何列车完整性电路的中断、列车超速（含临时限速）、车载设备故障等情况时，均将产生安全性制动。

⑥列车位置检测并报告。

⑦实现与 ATS、车辆的接口，与 ATO 的接口。

⑧当列车控制及监控系统（Train Control and Monitor System，TCMS）自身故障、

TCMS-CC 通信故障或者 TCMS 与牵引 / 制动系统通信故障时，可由调度员启动蠕动模式，驾驶列车停靠车站，等待救援。

（3）ATO 系统

无人驾驶信号系统的 ATO 系统是确保列车自动运行的关键设备。ATO 系统是自动控制列车运行的设备，在 ATP 系统的保护下，根据 ATS 的指令实现列车运行的自动驾驶、速度的自动调整。ATP 系统可以实现以下基本功能：

①根据不同的条件选择最佳运行工况控制，确保列车在 ATP 防护下，按照 ATS 指令运行，达到设计的运营要求。

②自动驾驶列车实现站台精确定位停车，如有需要，控制列车前进或有限倒退，实现再对位。

③根据停车站台的位置及停车精度，自动对车门进行控制。

④通过车载 DCS 与轨旁区域控制器双向通信，将列车有关信息传送至 ATS 系统，以便于 ATS 系统对在线列车实时监控。

（4）全自动运行对信号系统的其他功能需求

与人工驾驶的线路不同，对于全自动运行的线路，原由驾驶员完成的各项任务，需由设备系统完成，因此，ATC 系统除完成上述功能外，还能够具备以下功能：

① ATC 系统的各子系统均能采用必要的冗余技术，并实现主、备系统的“无缝”切换。

②信号系统能够具有更强的自诊断功能，车载与轨旁设备可实现实时报警功能和车站 / 中央的远程监控功能。

③地面控制中心或车站必须实时了解列车的运行情况及位置，实现对列车的实时监督和控制，因此车地之间需具备高速、安全、大容量的信息传输通道。

④正线、辅助线、车辆段需采用相同的控制系统，列车唤醒、出入车辆段（停车线）、休眠、正线运行均能满足全自动运行的需要。

⑤当车站列车停车发生对位误差时，列车自动启动对位停车，当误差大于 5m 时，不允许列车倒退，如果自动对位没有成功而需要驾驶员控制后退时，列车在 ATP 的保护下按规定的速度沿倒车方向运行。

⑥车载或轨旁信号设备故障时能够具有可靠的应急运行方案，并具有中央/车站远程监督和操作控制功能。在列车或车载信号设备故障时，通过人工操作或远程遥控的方式，采用降级的运行模式，使列车以安全的速度接近车站，等待救援。

⑦列车两端头部设置人工驾驶盘，必要时可由授权人员人工驾驶列车。

⑧增强站台门、车门监控功能，对未按时关闭的车门、站台门故障自动报警。

⑨增加与车辆排障设备及脱轨检测设备的接口，一旦发生异常可紧急制动。

⑩更为复杂的车辆控制接口，除牵引、制动、惰行等工况外，增设洗车模式，自动控制完成洗车作业。

4.1.3 列车运行模式

无人驾驶信号系统提供6种运行模式，其中全自动运行模式和蠕动模式是全自动运行系统所特有的驾驶模式。

（1）全自动运行模式

全自动运行模式下，列车由车载ATC系统驾驶，完成关车/站台门、启动、区间自动运行（加速、减速、惰行）、精确停站、开车/站台门等操作。

（2）蠕动模式

操作控制中心的控制器能够使用“蠕动模式”指令来远程将列车运行至下一个车站。蠕动模式运行由车载ATP系统监控并管理。在此运行模式期间，车载ATP系统将在检测到与安全原则相悖的运行时（如TCMS-CC通信故障、TCMS自身故障或者TCMS与牵引/制动系统通信故障），作出相关反应并激活紧急制动。在蠕动模式下运行时，车载ATP系统将以规定的较低速度驾驶列车，列车将在车载ATP系统检测到站台前方（通过信标）时停车，等待工作人员。在蠕动模式下，准确地将列车停在车站站台是不太可能的，因为此时信号系统与车辆牵引/制动系统间仅靠电流环等手段传输牵引制动指令，没有与车载ATO系统相同的列车准确驾驶控制装置。蠕动模式为援救隧道中发生TCMS-CC通信故障、TCMS自身故障或者TCMS与牵引/制动系统通信故障的列车提供了途径，不必派操作人员步行进入隧道援救列车。

（3）ATP防护下的人工驾驶模式（MCS）

MCS由车载ATP系统给出ATP防护曲线及列车移动权限等信息，列车由一位驾驶员驾驶，列车超速时，ATP 系统会及时报警，并将触发紧急制动等安全防护手段，保证行车安全。多职能队员（列控）在车站站台必须人工为上下车乘客打开和关闭列车门及站台门。MCS 是在车载 ATO 系统完全故障情况下使用的运行模式，与现有城市轨道交通的运行模式一致。

（4）受限人工驾驶模式（Restricted Manual Driving Mode，RM）

列车由多职能队员（列控）根据视线驾驶。在该运行模式下，车载 ATP 系统提供的唯一保护是定速防护。如果列车超过此定速，车载信号系统将提供紧急制动。与现有城市轨道交通一致，该模式在轨旁信号系统或是 DCS 系统故障情况下采用。

（5）非限制人工驾驶模式（Emergency Unrestricted Manual，EUM）

列车完全由多职能队员（列控）驾驶，车载信号设备不起任何防护作用，行车安全由多职能队员（列控）及行车规程负责。与现有城市轨道交通一致，该模式在车载信号设备完全故障情况下采用。

（6）列车折返模式

正常情况下，列车在 ATO 控制下实现全自动运行折返。站前折返时，列车到站后由 ATC 系统直接转换驾驶端完成折返操作；站后折返时，列车能以较合理的速度从到达股道行驶至折返线，由 ATC 系统转换驾驶端和启动列车，然后从折返线进入发车股道。

4.1.4 技术优化

为提高全自动运行列车的可靠性及功能性的完善，上海轨道交通 10 号线在全自动运行前期和运行过程中，进行了信号系统关键点的技术优化，见表 4-1。

信号系统全自动运行技术优化 表 4-1

分类	序号	升级内容	升级原因	解决问题
计轴	1	计轴新型 CPU 板卡更新改造	计轴 CPU 板卡频繁故障发生死板，造成区域性计轴受扰	通过板卡硬件升级解决计轴 CPU 容量小和散热不佳导致的死板现象，同时解决内存自动清零导致全站故障的问题
ATS	2	新增道岔单锁表示图标	在道岔失表的情况下，无法在人机界面确认该道岔是否处在单锁状态	为现场道岔失表情况提供单锁状态表示，提高故障处置能力
	3	数据库服务器硬件更换	列车实际运行图显示混乱	通过服务器硬件更换、扩充磁盘空间并重装数据库服务器系统，解决运行图显示混乱的现象

续上表

分类	序号	升级内容	升 级 原 因	解 决 问 题
ATS	4	区分 ATS 日志中执行功能类型：系统自动、人工操作	ATS 日志无法区分操作命令来源	升级增加 ATS 日志报文，标识区分工作站进行的操作是人工还是自动执行
	5	解决 LATS 单机重启数据不同步	LATS 例行维护中发现停车场单机重启后站台黄色停稳标识消失，造成列车停稳信息丢失，影响停车场自动出入库	双机数据不同步引起列车停稳信息丢失，通过 ATS 软件升级解决
	6	优化正线列车单步运行功能	列车在 AM 模式下，手动排列进路，设置“授权列车自动驾驶（ITAMA）”和单步运行功能至指定站台后，列车未完全进站便停车，此时需切换模式 ATO 动车	通过 ATS 软件升级将单步运行功能改为到达任何指定站台，完善单步运行功能
	7	区间运行等级数据优化	为 100s 行车间隔测试运营的需要，需对全线区间的运行等级数据数值进行优化	100s 行车间隔测试期间，由于运能密度提高，原有区间的运行等级数据不足以支撑运营需要，试运行前通过 ATS 软件升级修改各区间运行等级数值，达到提高列车区间运行效率的目的
CI	8	优化虹桥火车站存车线列车折返定位丢失	虹桥火车站存车线岔区红光带时，列车利用站前折返时，造成 12 号道岔反位锁死保护区段（overlap）不能触发，列车进站不能停准	由于 12 号道岔是双动道岔，导致出现红光带后，道岔会锁死，overlap 无法触发，引起列车进站停站不准，优化联锁数据后解决
	9	优化江湾体育场 overlap 解锁慢导致列车晚点	上行方向前车至江湾体育场站折返，后车至新江湾城站折返，在前后车间隔较小的情况下，当前车进入江湾体育场站折返轨后，后车会先触发 17 号道岔反位的 overlap，将道岔锁在反位。直至后车到达江湾体育场站上行站台后延时解锁，触发至新江湾城站的进路，造成后车晚点	线路运营增能后，江湾体育场站小交路折返存在 17 号道岔反位 overlap 解锁时间过长的问题，影响正向通过后车准点运营，利用联锁升级优化了 17 号道岔反位 overlap 解锁时间，满足了实际运能的需要
	10	解决新江湾城站设置车门保持关闭无效，站台双开门问题	新江湾城站车门保持关闭无效，变更头码后仍然开门，且新江湾城站多列车停站发生车门双开门。具体现场情况为：1. 屏蔽门开，车门不开；2. 非开门侧屏蔽门车门都开	站台设置车门保持关闭有效，但由于上版 ATS 升级后命令更新机制发生变化导致列车未提前执行车门保持关闭命令，经过 ATS 软件升级将命令更新时间机制进行调整解决此问题
DCS	11	DCS 宽带升窄带	运营期间四川北路站、江湾体育场站发生集中站列车出站落码变为非通信列车的情况，后经 DCS 网络监测设备检测发现该区域网络通讯有中断现象，在调取故障时间点内的列车无线干扰测试记录时，确定受到外界信号干扰，导致故障发生	为提高 DCS 无线系统抗干扰性能力，达到降低外界对运行列车信号干扰的情况，对 DCS 进行升级
ATC	12	虹桥火车站折返线频繁发生列车溜车导致红色感叹号，列车无法缓解紧急制动（EB），配合列车需要优化列车两次牵引故障	根据线路 ATS 数据定义，超过发车时间 36s 将清除当前头码，ATS 会再发一次头码信息（每 36s 循环更新）。虹桥火车站列车由于折返线前方进路排列超过发车时间 36s，当列车动车时，头码更新清零，导致信号牵引指令中断，头码恢复后 ATC 再次向车辆发送牵引命令，由于第二次牵引间隔时间过短，此时列车对 ATC 牵引命令无响应，加之站台坡度问题此类故障可能会导致溜车超过 1m 后 EB 无法缓解	针对二次牵引间隔时间过短车辆无法实质优化，在列车发车且未动车时，由于外界原因限制列车发车时，通过 ATS/ATC 升级优化列车牵引指令延时 5s 解决此问题

4.1.5 运行情况分析

上海轨道交通 10 号线全自动运行模式下的信号系统运行良好且稳定，通过近 8 年的运行实践、经验总结，信号系统技术不断完善、功能不断优化，信号系统故障呈逐年下降至平稳态势（表 4-2）。

历年信号系统故障统计（单位：个） 表 4-2

故障类型	2014 年	2015 年	2016 年	2017 年	2018 年	2019 年	2020 年	2021 年
信号故障	43	41	40	38	35	34	31	29
ATS 故障	19	19	16	12	10	8	7	7
联锁故障	2	2	2	1	0	1	1	0
车载故障	20	19	20	22	24	24	21	20

在全自动驾驶开通初期（2014—2016 年），一方面，信号系统先后对一些核心子系统进行了相应的功能优化（表 4-1），优化后的系统可靠性及功能性得到了进一步的提高。另一方面，值得注意的是正线运营列车数量也由 2014 年的 27 列增加到了如今（截至 2021 年底）的 54 列，最大单日乘坐客流量破百万，在运营效率上也得到了质的飞跃，在此期间的信号故障总数常年维持在 30 ～ 40 个之间，同时在列车增能和设备大负荷运行情况下呈下降趋势，为全自动安全运行提供了保证。历年信号故障、ATS 故障、联锁故障、车载故障分别见图 4-1 ～图 4-4。

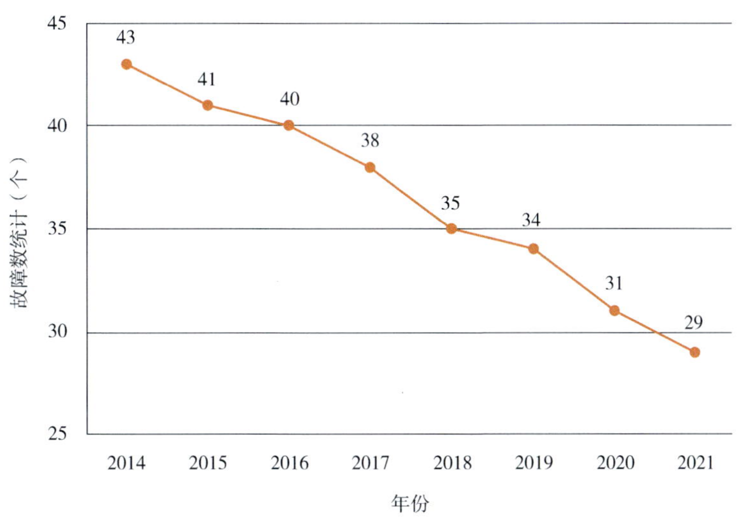

图 4-1 历年信号故障统计图

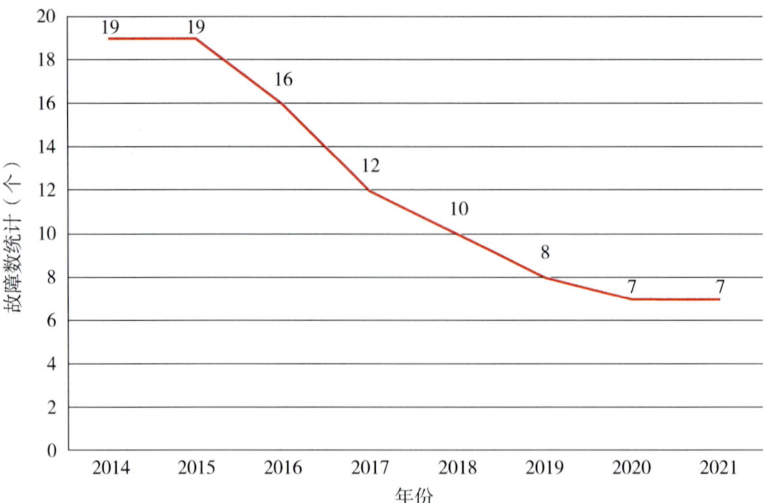

图 4-2　历年 ATS 故障统计图

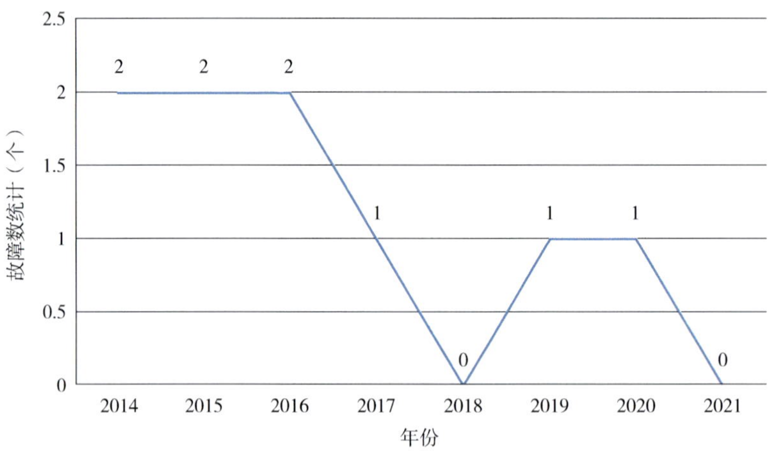

图 4-3　历年联锁故障统计图

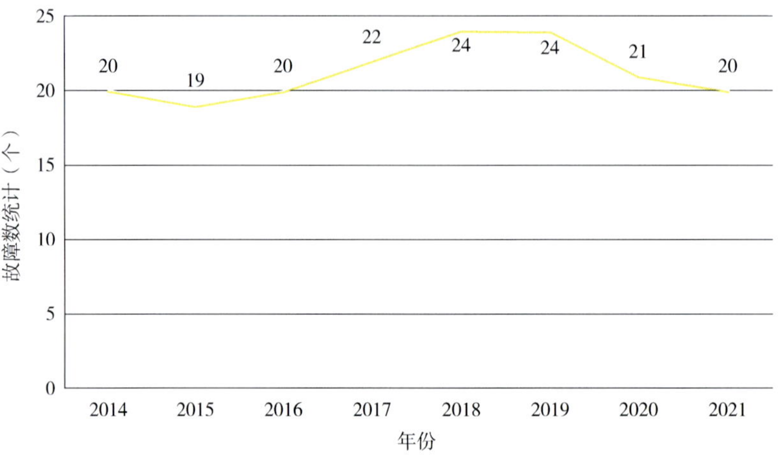

图 4-4　历年车载故障统计图

4.2 车辆系统

上海轨道交通 10 号线为全自动运行线路，列车需满足在 ATC 信号系统中的自动驾驶功能，也具备在 ATP 模式下人工驾驶功能和完全人工驾驶功能。列车在设计阶段考虑了相应的 ATC 信号接口，还充分考虑到列车正常运营时车辆设备所处环境的实际温度，即当气象温度在 –25 ～ +40℃范围内所有设备仍能正常工作。

4.2.1 结构需求

1）基本要求

车辆需满足上海轨道交通车辆限界要求，以便能在采用相同车型车辆的城市轨道线路上运营，且能适应全自动运行、ATO 人工驾驶、ATP 保护下的人工驾驶以及 ATP 切除条件下的完全人工驾驶运行。全自动运行列车应能根据 ATC 的地面指令，自动激活、启动停靠于停车场或正线的车辆。全自动运行车辆需采用冗余互备技术，并实现主、备系统的“无缝”切换，在全自动运行模式下，某些设备和功能应能由控制中心进行故障远程复位和控制。

2）行车要求

上海轨道交通 10 号线的列车有“Tc”“Mp”“M”三种基本类型的车辆。列车编组型式为：-Tc*Mp*M=M*Mp*Tc-，-Tc*Mp*M= 构成可动单元车组。

① Tc 为拖车（带驾驶室）；

② Mp 为动车（带受电弓）；

③ M 为动车；

④ - 全自动车钩；

⑤ = 半自动车钩；

⑥ * 半永久车钩。

⑦最小行车间隔：100s；最小停站时间：20s；列车折返时间：100s。

3）列车载客量

①空载 AW0；

②座位载客数 AW1：48 人 / 辆；

③额定载客数 AW2：310 人 / 辆（6 人 /m^2）；

④超员载客数 AW3：410 人 / 辆（9 人 /m^2）；

⑤乘客平均质量：61kg。

4）列车动力性能

（1）列车牵引性能

①列车在干燥、清洁的平直轨道上，在额定载荷（AW2）、额定网压以及车轮半磨耗状态下：

a. 最高持续运行速度：80km/h；

b. 结构速度：≥ 100km/h；

c. 计算黏着系数：≤ 0.165；

d. 冲动极限：0.75m/s^3；

e. 平均启动加速度（0 ～ 40km/h）：≥ 1.0m/s^2；

f. 平均加速度（0 ～ 80km/h）：≥ 0.6m/s^2；

g. 列车连挂速度：5km/h；

h. 洗车速度：3km/h；

i. 退行速度：10km/h。

②在 AW0 ～ AW3 工况下，全部动车正常工作时：

列车旅行速度（包括停站时间）≥ 36km/h。

③列车具有防空转功能。

（2）列车制动性能

①列车的制动方式有：

a. 常用制动：电气和空气制动协调配合方式；

b. 快速制动：电气和空气制动协调配合方式；

c. 紧急制动：全空气制动方式。

②在任何载荷及清洁干燥平直的轨道条件下，达到下列制动要求：

a. 常用制动和快速制动响应时间的具体数值将在设计阶段讨论后确定；

b. 当制动缸达到 90% 时，满负载压力的紧急制动响应时间（包括空走时间和增压时间）：≤ 1.5s；

c. 平均全常用制动减速度（80 ～ 0km/h 包括响应时间）：≥ 1.0m/s^2；

d. 平均紧急制动减速度（80 ～ 0km/h 包括响应时间）：1.3m/s^2；

e. 快速制动采用与紧急制动相同的减速度实施电空制动，快速制动是可恢复的；

f. 紧急制动距离（包括响应时间）：190m（±5%）；

g. 冲动极限：0.75m/s^3；

h. 计算黏着系数：≤ 0.15。

③制动系统在任何制动方式下都有防滑保护功能。空气制动和电气制动有各自独立的防滑控制。

（3）列车故障运营能力

①在任何负载情况下，当一辆动车不能工作时，列车能够不限速往返一个全程。

②在各种负载情况下，当两辆动车的动力失效时，列车能在 38‰坡道上启动并行驶到相邻车站。

③一列空载列车牵引一列超载（AW3）无动力的故障列车能在 38‰的坡道上启动。

④列车的停放制动由弹簧力提供，可用压缩空气缓解，并且一列超载（AW3）列车即使在一个停放制动装置故障的情况下，也能在 38‰的坡道上安全停放。

（4）列车连挂

列车能够实现被上海轨道交通 10 号线列车牵引调车和在紧急救援情况下与共线运营的其他列车连挂的功能。在列车连挂时做到：

①在牵引列车任一驾驶室操作时，有且仅有一个驾驶室处于控制状态；

②连挂列车的所有驾驶室之间都可以进行对讲；

③牵引列车能对两列连挂列车的客室进行广播；

④被牵引列车的停放制动能由牵引列车释放和施加，牵引列车能监控自身和被牵引列车的停放制动状态；

⑤两列连挂列车的头灯和尾灯均能按运行方向进行工作；

⑥当连挂列车间发生无意识脱钩时应具有保护措施，牵引列车实施紧急制动，被牵引列车实施停放制动，并能在激活驾驶室显示器上显示。

4.2.2 技术优化

为提高全自动运行列车的可靠性及功能的完善度，上海轨道交通10号线在全自动运行前期和运行过程中，进行了列车关键部位的技术优化，见表4-3。

车辆系统全自动运行技术优化　　表4-3

分类	序号	优化内容	优化原因	解决问题
可靠性优化	1	牵引系统软件升级减少紧急制动缓解后高速开关闭合的延迟	列车牵引响应存在延迟	排除牵引系统虚假故障，规避列车牵引响应延迟
	2	硬线监控回路中，将驾驶室主控制器手柄信号冗余给两个远程输入输出模块	当Tc车单个远程输入输出模块（RIOM3）故障后，列车将无法动车	规避单个远程输入输出模块故障后列车无法动车问题
	3	硬线监控回路对无线电主机状态进行识别，并作为乘客信息系统服务器主从信号切换条件之一	当列车两端无线电主机同时故障后，乘客信息系统会因为无法获取主从信号而无法工作	规避列车两端无线电主机同时故障后，乘客信息系统无法正常工作问题
	4	列车控制系统软件升级	当Mp车牵引控制单元电源丢失时，该单元对应的辅助逆变器由于无法收到设备隔离开关（IES）信号而无法工作	通过列车控制系统软件升级，规避该问题
	5	将辅助逆变器控制单元电源空开移到Tc车二位端右侧电器柜，并在该设备上增加一个复位装置	辅助逆变器控制单元电源空开位于车下低压箱，不便于辅助逆变器故障时进行复位重启	提高辅助逆变器故障后的应急处置效率
	6	在紧急制动缓解按钮上新增紧急制动状态指示灯	在缓解紧急制动后，因列车压力表无变化，在列车通信故障或驾驶室面板故障情况下，无法判断紧急制动是否缓解	提高列车故障处置效率
	7	列车紧急制动硬线回路中去除警惕按钮继电器状态触点	警惕按钮继电器故障下，造成安全旁路功能不可用	规避安全旁路在个别工况下无效情况，减少列车救援风险
	8	硬线监控回路中将逃生门旁路串入车载ATC监控中	逃生门发生故障，未将关闭信号发给车载ATC时，需要同时切除逃生门旁路开关及ATC旁路才能恢复动车	通过硬线回路优化，逃生门发生故障后，仅需操作逃生门旁路开关即可动车，减少应急操作步骤
	9	关键控制回路中新增继电器冗余，如开门继电器、门联锁继电器、牵引指令继电器，无制动指令继电器等	个别关键控制回路中仅有一个继电器，当继电器发生故障时，将造成功能缺失，影响列车正常运营	通过继电器冗余整改，规避单点故障对列车运营的影响
	10	主控制器输出指令监控回路新增硬线，使列车牵引箱、制动控制单元能收取其控制指令	当列车A端主控制器在ATO模式，并关闭主控器钥匙，操作人员不能在B端正常驾驶列车，影响列车降级应急处置	通过对硬线回路优化和列车控制系统软件升级，规避该问题
	11	制动系统软件升级	任一个制动控制阀CB2空开跳脱后，紧急制动将无法缓解，切除该阀电源CB1，释放B03阀后，需要同时使用救援模式和黏着制动旁路开关才能动车，影响到正常运营	通过制动系统软件升级，规避该问题

续上表

分类	序号	优化内容	优化原因	解决问题
可靠性优化	12	在硬线监控回路中新增无线电、乘客信息系统、车载综合监控服务器的状态继电器	全自动驾驶模式下，车载无线电、乘客信息系统、车载综合监控服务器未具备主从切换功能	通过对硬线回路优化，规避单个服务器故障后列车车载无线电、列车广播无法正常工作问题
	13	在硬线监控回路中新增空压机电源接触器状态识别，并通过列车控制系统软件逻辑优化，及时获知空压机过流信息	列车空压机过流会导致两个辅逆同时锁闭	规避因单个空压机过流导致列车清客、救援问题
	14	更换所有牵引逆变器中电压监测模块	列车牵引部件中电压监测模块故障率高，牵引故障率高	通过更换电压监测模块型号，降低牵引故障率
	15	列车控制网络软件升级	列车任意一个制动阀故障后，列车无法在自动模式下继续运营	规避单个制动阀故障下列车无法继续运营问题
	16	更换受电弓耦合杆球铰规格型号，并重新安装	受电弓耦合杆球铰断裂导致受电弓故障	规避受电弓因耦合杆球铰断裂而翻弓的安全隐患
	17	将涉及列车模式、列车前进方向等关键信号，通过硬线新增布线、软件逻辑优化，进行冗余	全自动驾驶模式下，单个远程输入输出模块故障，列车无法继续运行	规避单个远程输入输出模块故障下列车不停站的安全隐患
	18	在列车紧急制动回路中新增超速保护继电器，该继电器由列车控制网络进行控制，当监测到列车超速时，触发该继电器得电	新车无车辆超速保护功能	通过对硬线回路优化和列车控制系统软件升级，列车具备超速保护功能
功能性优化	1	将列车四节动车的蓄电池移至两节拖车，并对应调整电器连接器	新车动车车重超标	通过将蓄电池从动车移位至拖车，规避车重超标安全隐患
	2	更换车门机械隔离装置规格型号	新车车门机械隔离装置与顶部装饰板干涉，影响车门隔离功能	通过更换机械隔离装置型号，规避该问题
	3	在牵引逆变器盖板锁扣上增加扇形止档	新车牵引逆变器盖板无二次防脱功能	通过对盖板锁扣机械构件优化，具备盖板二次防脱功能
	4	将客室端部 LED 的选型调整为小尺寸，并配套对应外框	新车乘客信息系统端部 LED 显示器外观尺寸大，易与乘客发生碰撞	规避 LED 显示器与乘客碰伤的客伤隐患
	5	将驾驶室驾驶台盖板限位开关电器连接方式由连接器插拔改为固定在驾驶台上，在拆装驾驶台盖板时，无须插拔连接器	全自动运行驾驶室驾驶台盖板限位开关触发方式不便于日常操作	提高了拆装驾驶台盖板的效率
	6	在 Tc 车客室座椅下方通过新增支架安放绝缘棒	全自动运行 UTO 列车拆除驾驶室隔断后，原驾驶室内绝缘棒无安放位置	解决 UTO 模式内装改造后，绝缘棒无安放位置问题
	7	列车 UTO 模式内装改造（拆除驾驶室隔断、紧急停车装置外移等）	全自动运行 UTO 列车需要拆除隔断，将驾驶室与客室融为一体	通过拆除驾驶室隔断、安装驾驶室驾驶台盖板、拆除侧墙开门关门按钮，安装紧急对讲装置，新增紧急制动停车按钮等改造，完成 UTO 列车内装改造工作

4.2.3 运行情况分析

上海轨道交通 10 号线全自动运行采用既有的、成熟的可靠性工程技术，保证车辆具有高可靠性。

对全自动运行列车运行情况统计（表 4-4），通过近 8 年列车的运营实践情况，车辆各系统的情况良好，对于故障情况较多的系统，车辆专业进行相应的改造升级，满足了全自动运行列车具备线路运营所需的行车车况。

2014—2021 年各子系统可靠性指标统计（单位：km）　表 4-4

系统	2014 年	2015 年	2016 年	2017 年	2018 年	2019 年	2020 年	2021 年
车体	4721923	∞	4853423	5381563	2159789	∞	∞	1870659
车门	590240.4	366709.8	808903.8	672695.4	1079895	927429.9	697511.4	2805988
转向架	2360962	4767228	∞	∞	1619842	2164003	3487557	∞
制动	944384.6	∞	693346.1	2690782	925623.9	405750.6	536547.2	623552.9
空调	1180481	2383614	2426712	5381563	2159789	3246005	∞	∞
辅助	786987.2	595903.5	1617808	1076313	1295873	1298402	634101.3	5611976
控制	205301	397269	404451.9	384397.4	589033.4	324600.5	317050.6	561197.6
广播	2360962	1191807	970684.6	1793854	1619842	6492009	∞	∞
受电	∞	1589076	∞	∞	2159789	6492009	6975114	∞
牵引	224853.5	340516.3	346673.1	358770.9	359964.8	190941.4	205150.4	374131.7

注：无穷大（∞）表示指标数据超过 20000000km，按 20000000km 计。

车门系统、空调系统、辅助系统、控制系统、广播系统、牵引系统可靠性指标统计分别如图 4-5 ～图 4-10 所示。

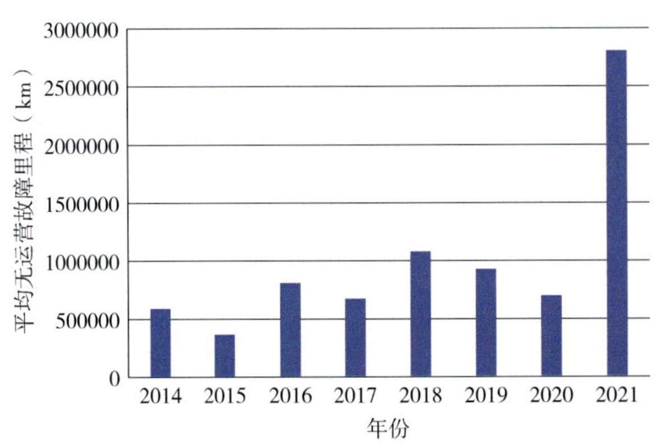

图 4-5　车门可靠性指标统计图

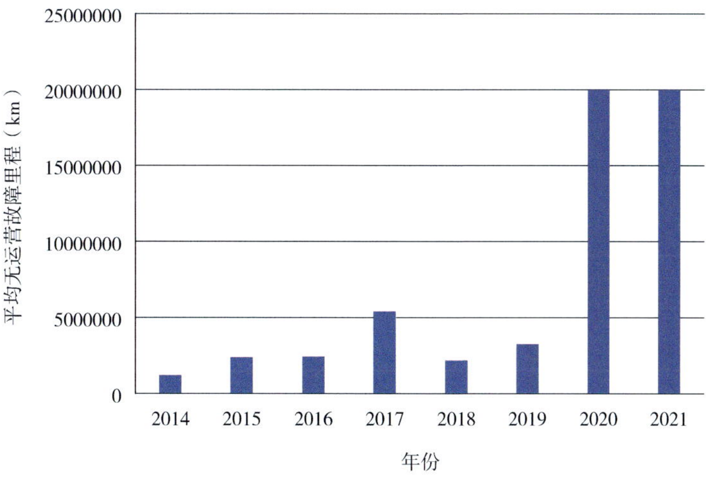

图 4-6 空调可靠性指标统计图

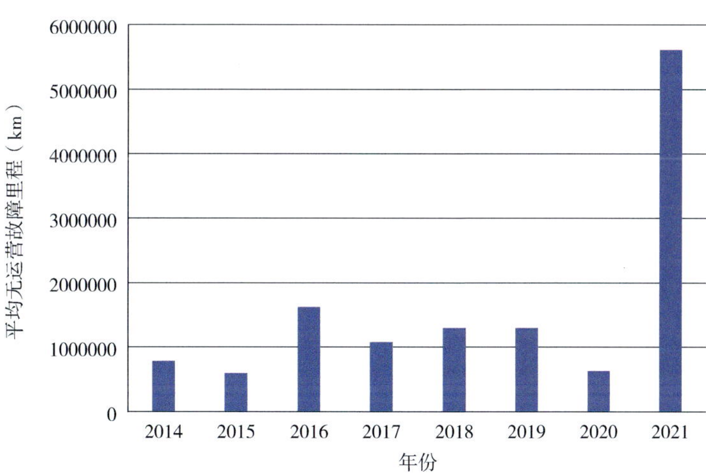

图 4-7 辅助可靠性指标统计图

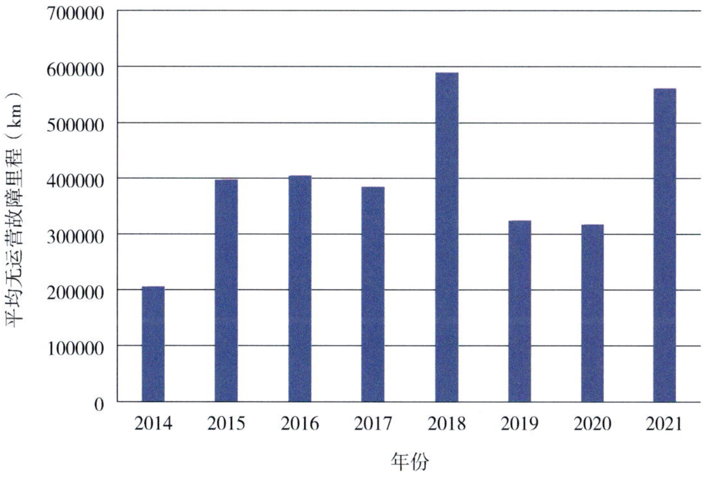

图 4-8 控制可靠性指标统计图

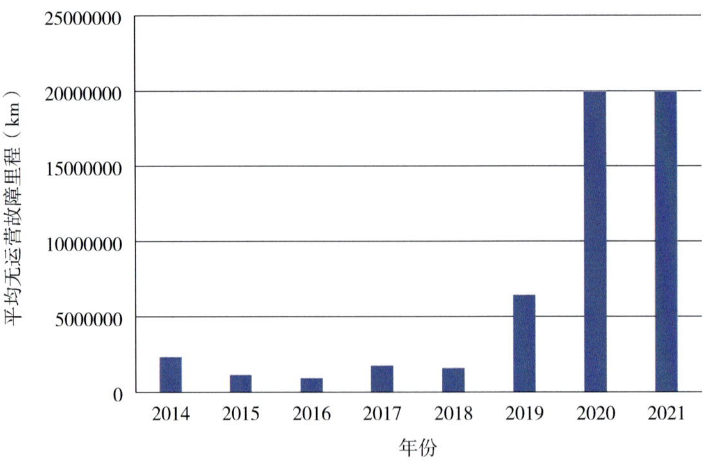

图 4-9　广播可靠性指标统计图

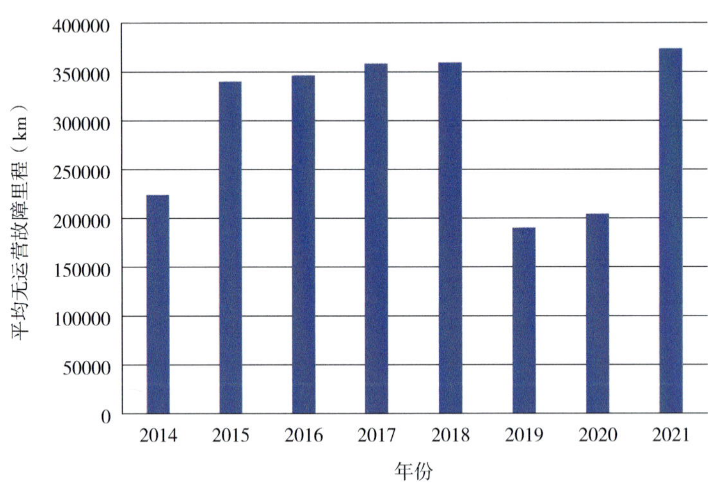

图 4-10　牵引可靠性指标统计图

4.3　供电系统

按照上海市建设规划和已建 / 在建的城市轨道交通线路的模式及上海市电业部门的要求，上海轨道交通 10 号线工程采用集中供电方式。即从城市电网以 110kV 电源接电，同时设置 110/35kV 主变电所，以 35kV 电压网向全线牵引变电所、降压变电所供电。

4.3.1　变电所的设置方案

根据用电容量、供电距离、城市电网现状及规划等因素，经技术经济综合比较后确定上海轨道交通 10 号线中压网电压为 35kV，按供电系统可靠性要求，全线设三座主变电所较合理。当其中一座主变电所故障解列时，由相邻的主变电所承担故障的主变电所供电范围的负荷（切除三级负荷后），保证城市轨道交通线路的正常运营。具体选址方案如下：

全线三座主变电所分别设置在虹桥路站、海伦路站和高桥西站附近，分别为凯旋主变、溧阳主变以及港城主变，一期工程时先建凯旋主变和溧阳主变两座主变电所，两座主变电所距两端头站分别为 11.96km 和 9.65km；二期工程时，再建港城主变电所。

一期工程建成后，正常运行时两座主变电所接近负荷中心。当其中一座主变电所因故退出运行，由另一座主变电所为一期工程全线供电时，最大供电臂为 22.73km。二期工程建成后，由凯旋主变和溧阳主变为一期工程范围内的负荷供电，港城主变则承担二期工程范围内的负荷。正常运行时，三座主变电所均接近各自供电范围的负荷中心，凯旋主变与溧阳主变互为备用。当港城主变因故退出运行时，则由溧阳主变承担其供电范围的负荷，不考虑溧阳主变故障时港城主变向其进行支援，这样既保证供电安全，又节省投资；三座主变电所中有一座退出运行时的最大供电臂为 22.73km，不考虑三座主变电所中两座同时退出运行的情况。

上海轨道交通 10 号线牵引供电系统容量应按远期高峰小时负荷设计，并留有一定的余量。牵引变电所的布点及设备容量，满足与其相邻的一座牵引变电所解列时，远期高峰小时牵引负荷及供电电压质量的要求。具体供电容量方案如下：10 号线与 3 号线在虹桥路站换乘，该站附近已建有 3 号线的虹桥路主变电所，容量为 2×31.5MV·A，采用扩容改造的方式与 10 号线在 35kV 侧共享的技术难度较大。但该所 110kV 侧采用环入环出接线，其中 110kV 环出端可作为 10 号线主变电所电源。同时经初步了解，在该已建的虹桥路主变电所附近，还存有新建一座地下主变电所需要的空间。

海伦路站附近上海轨道交通 3 号线东宝兴路站已建有东宝兴路主变电所，容量为 2×31.5MV·A，采用扩容改造与 10 号线在 35kV 侧共享的技术难度较大。但是，该所 110kV 侧采用环入环出接线，其中 110kV 环出端可作为 10 号线主变电所电源。

除上述变电所数量、选址、容量之外，城市轨道交通的供电系统还需要考虑下列设施设备的需求。

（1）牵引变电所

地铁正常运行时，正线接触网应由相邻牵引变电所双边供电，即当一座牵引变电所解列时，由邻近牵引变电所实现越区供电；当牵引变电所一台整流机组出现故障或检修时，另一台整流机组在其允许过负荷的条件下，可继续向接触网供电。

牵引变电所设备容量除满足正常运行方式下高峰小时牵引负荷要求外，还应满足该所越区供电时高峰小时牵引负荷的需要。

（2）整流机组

《地铁设计规范》（GB 50157—2013）规定，城市轨道交通系统作为重型牵引负荷，牵引整流机组的负荷应满足下列要求：

①在 100% 的额定负荷时，设备可连续运行。

②在 150% 的额定负荷时，设备可持续运行 2h。

③在 300% 的额定负荷时，设备可持续运行 1min。

（3）牵引网

接触网供电电压等级采用直流 1500V 时，接触网最高、最低电压水平应满足《地铁设计规范》（GB 50157—2013）规定，即：

①在任何运行方式下，接触网最高电压不得高于 1800V。

②在任何运行方式下（含当一座牵引变电所在远期高峰小时解列时，其相邻牵引变电所越区供电时），接触网任一点最低电压不得低于 1000V。

此外，由于牵引供电设备需设置在车站内，因而除上述提到的基础原则规范外，还需要结合站点各自的特征和区域内的城市规划综合考量，实际上海轨道交通 10 号线的牵引供电设备选择将在下面的章节详细阐述。

4.3.2 供电需求分析

供电需求是否合理，直接关系到城市轨道交通系统中电气设备的选择是否合理。如果需求确定过大，就会增加电气设备投资和造成有色金属的浪费。而如果需求确定过小，又会造成电气设备和导线长期过热，这不仅增加了电能的损耗，还会影响设备的寿命。同时也会影响城市供电系统的动、热稳定性，最终影响整个城市轨道交通系统运营的安全性。因此对供电需求的合理性进行准确分析至关重要，需要考虑到设计的合理性，客流水平以及设备的使用状况等多方面的因素。上海轨道交通 10 号线基础资料如下所示：

（1）车辆资料

①列车类型：A 型车；

②车辆编组：初期、近期、远期采用 4 动 2 拖；

③车组质量：362t；

④最高行车速度：80km/h；

⑤辅助逆变器总功率：480kW（4 动 2 拖）。

（2）供电系统相关设备参数

① 110kV 电源侧短路容量：2000MV·A；

② 110/35kV 主变压器容量：40MV·A / 20MV·A；

③主变压器阻抗电压百分比：10.5%；

④整流机组形式：等效 24 脉波；

⑤整流变压器电压：35kV/1200V；

⑥整流变压器阻抗百分比：8%；

⑦整流机组空载电压：U_{do}=1620V；

⑧整流机组电压调整率：dN=6%；

⑨牵引网阻抗；

⑩正线地下区段：0.0286Ω/km（刚性悬挂接触网，考虑接触导线 60% 和钢轨 5% 的磨耗）。

由于城市轨道交通的实际用电负荷并不等于所有用电负荷简单的累加，因此采用模拟计算的方法进行供电需求分析。

（3）列车运行模拟计算结果

列车采用 4 动 2 拖 A 型车编组，牵引运行模拟计算结果见表 4-5。其中，上行方向为虹桥火车站至基隆路站，下行方向为基隆路站至虹桥火车站。

列车运行模拟计算结果　表 4-5

项　目		乘客列车	
		下行	上行
正线	给电能耗（kW·h）	489.6	469.0
	运行时间（s）	2277.9	2277.6
	单位能耗［kW·h/（km·t）］	0.04433	0.04247
	技术速度（km/h）	48.3	48.3
支线	给电能耗（kW·h）	56.8	50.6
	运行时间（s）	329.9	335.4
	单位能耗［kW·h/（km·t）］	0.03375	0.02984
	技术速度（km/h）	51.1	50.3
二期	给电能耗（kW·h）	165.5	206.9
	运行时间（s）	688.0	714.0
	单位能耗［kW·h/（km·t）］	0.04542	0.05678
	技术速度（km/h）	51.3	49.6

（4）牵引供电模拟计算结果

上海轨道交通 10 号线供电系统满足远期高峰负荷 36 对 /h 的设计要求，满足直流牵引供电系统正常与非正常运行方式的要求，其中包括双牵引整流机组双边供电、单牵引整流机组双边供电、单牵引整流机组双边供电、大双边供电、双牵引机组单边供电。同时也满足牵引网电压损失允许值与电压波动范围 1000 ～ 1800V 等要求。

4.3.3 供电设备选择

变压器作为供电系统中的核心设备，其数量与容量应根据近、远期负荷计算确定，宜分期实施，并且当一台主变压器退出运行时，其余主变压器应能负担供电范围内的一、二级负荷。下面以凯旋路主变和溧阳路主变为例进行说明，见表 4-6。

主变电所远期高峰小时各种运行方式下的负荷计算　表 4-6

凯旋路主变电所负荷		凯旋路主变电所	
		Ⅰ段母线	Ⅱ段母线
正常运行方式	牵引负荷（kV·A）	15566	10786
	动力照明一、二、三级负荷（kV·A）	9946	9946
	负荷率	63.8%	51.8%
一台主变压器故障	牵引负荷（kV·A）	26352	
	动力照明一、二级负荷（kV·A）	15123	
	负荷率	103.7%	

续上表

凯旋路主变电所负荷		凯旋路主变电所	
		Ⅰ段母线	Ⅱ段母线
溧阳路主变电所故障	牵引负荷（kV·A）	31231	27914
	动力照明一、二级负荷（kV·A）	14736	14736
	负荷率	114.9%	106.6%
主变压器安装容量（MV·A）		2×40	
溧阳路主变电所负荷		溧阳路主变电所	
		Ⅰ段母线	Ⅱ段母线
正常运行方式	牵引负荷（kV·A）	15665	17128
	动力照明一、二、三级负荷（kV·A）	9748	9748
	负荷率	63.5%	67.2%
一台主变压器故障	牵引负荷（kV·A）	32792	
	动力照明一、二级负荷（kV·A）	14439	
	负荷率	117.8%	
凯旋路主变电所故障	牵引负荷（kV·A）	31231	27914
	动力照明一、二级负荷（kV·A）	14736	14736
	负荷率	114.9%	106.6%
主变压器安装容量（MV·A）		2×40	

从表 4-6 可以看出，当凯旋路主变电所选用 2 台 40MV·A 的主变压器时，在运营远期高峰小时，正常运行方式下变压器负荷率在 60% 左右，主变电所单台变压器运行时负荷率约为 103.7%，在全线由单一主变电所供电工况下，变压器负荷率约为 115%。主变压器选用油浸式变压器时，可利用变压器在正常运行方式下负荷率较低的寿命储备，即利用变压器的过负荷能力（120% 负荷，2h）满足供电要求。因此，凯旋路主变电所选用 2 台 40MV·A 的主变压器。

当溧阳路主变电所选用 2 台 40MV·A 的主变压器时，在运营远期高峰小时，正常运行方式下变压器负荷率约为 65%，主变电所单台变压器运行时负荷率约为 118%，在全线由单一主变电所供电工况下，变压器负荷率在 115% 左右。主变压器选用油浸式变压器时，可利用变压器在正常运行方式下负荷率较低的寿命储备，即利用变压器的过负荷能力（120% 负荷，2h）满足供电要求。因此，溧阳路主变电所选用 2 台 40MV·A 的主变压器。

牵引供电系统作为另一个核心板块，其设备包括整流机组、接触网、正馈线及回流线等，这些设备容量应根据牵引供电模拟计算结果，按远期高峰小时负荷确定。上海城市轨道交通 10 号线各站点牵引供电系统设备选型见表 4-7。

牵引供电系统设备选择　　表 4-7

牵引变电所	整流机组量（kW）	整流变压器量（kV·A）	正馈线回数	每回根数 × 截面（铜）	负回流线回数	每回根数 × 截面（铜）
虹桥火车站	2 × 3000	2 × 3300	2	4 × 400	2	4 × 400
虹桥 1 号航站楼站	2 × 3000	2 × 3300	4	5 × 400	2	7 × 400
龙溪路站	2 × 3500	2 × 4000	6	5 × 400	2	7 × 400
宋园路站	2 × 3500	2 × 4000	4	5 × 400	2	7 × 400
上海图书馆站	2 × 3500	2 × 4000	4	5 × 400	2	7 × 400
老西门站	2 × 3500	2 × 4000	4	5 × 400	2	7 × 400
天潼路站	2 × 3500	2 × 4000	4	5 × 400	2	7 × 400
邮电新村站	2 × 3500	2 × 4000	4	5 × 400	2	7 × 400
国权路站	2 × 3500	2 × 4000	4	5 × 400	2	7 × 400
三门路站	2 × 3500	2 × 4000	4	5 × 400	2	7 × 400
新江湾城站	2 × 3000	2 × 3300	4	5 × 400	2	6 × 400
紫藤路站	2 × 3000	2 × 3300	4	4 × 400	2	5 × 400
国帆路站	2 × 3000	2 × 3300	4	5 × 400	2	6 × 400
双江路站	2 × 3000	2 × 3300	4	5 × 400	2	6 × 400
高桥站	2 × 3000	2 × 3300	4	5 × 400	2	6 × 400
基隆路站	2 × 3000	2 × 3300	2	4 × 400	2	4 × 400

4.4 站台门系统

4.4.1 系统概述

站台门是安装于车站站台边缘（将轨道与站台候车区隔离）、设有与列车门相对应、可多级控制开启与关闭滑动门的连续屏障系统。站台门系统有效减少了空气对流造成的站台冷热气的流失，降低了列车运行产生的噪声及活塞风对车站的影响，为乘客提供了舒适的候车环境，保障了乘客上下车的安全。上海轨道交通 10 号线每站上下行各有 30 个滑动门单元，每个单元配站台门控制单元（DCU）1 台、门槛 1 条、立柱 2 根、导靴 2 块、滚轮 4 只。在正常运行情况下，站台门全部关闭后，向信号系统发送“整侧站台门关闭且锁紧”信号，信号系统收到站台门信号和列车信号并判断全部完好后，触发发车信号。在小间隔试跑中，如果运动部件发生机械卡阻，导致站台门动作延迟、故障或报警，都将造成列车无法准点发车，后续列车无法准点进站，从而导致小间隔试跑整体延时甚至试跑失败。

4.4.2 风压特性研究

风压对滑动门开关门过程的影响是本项目研究的重难点问题。项目研究初期，实验人员针对站台门组织了多次从龙柏新村站到一大会址·新天地站的 5 列车跑车测试，其目的在于测试未施工前滑动门单元在 100s 行车间隔下的开关门状态，测试结果见表 4-8。

夜间测试情况汇总　　表 4-8

车　站	关门延迟门号	
	第一次测试	第二次测试
陕西南路站	12，16，18，19，20，23，25，29	1，10，16，17，23
上海图书馆站	3，13	4
交通大学站	14，16，22，24，25，29	14，16，18，22，23，24，25，26，29
水城路站	27	27，28
龙柏新村站	—	1，2，3，4，5，6，7，10、20、27

由于龙柏新村为出入库车站，一旦发生列车积压，将对整线运营产生较大影响。因此，项目组对龙柏新村站测试中发生故障的门进行了重点分析。

测试发现，龙柏新村站 20 号门和 27 号门都出现了风压值超高的现象，具体数据如图 4-11 和图 4-12 所示。分析表明，在较短行车间隔工况下，站台门关闭过程中由于关门牵引力随时间衰减，当关门牵引力降低至风压作用产生的摩擦力大小时，会发生关门不畅的故障。根据总结的数据，不同承压值下都有可能发生站台门关闭不畅的故障，因此故障的发生除了取决于门体本身的机械状态以外还取决于随时间动态变化的承压导致的综合摩擦力与关门牵引力之间的动态不匹配。

除此以外，项目组还发现关门延迟情况主要发生在曲线站台（站台边线有一定弧度，陕西南路站和交通大学站即为曲线站台），曲线站台的部分门体反复出现关门延迟，表明测试结果的重复性较高。延迟现象主要表现为关门时间延长，关门时有摩擦声，甚至有门体出现防夹回弹的情况。在试跑摸底中，项目组挑选了龙柏新村站为特征车站并在车站现场布置了风压测量装置，测得的风压数值见表 4-9。

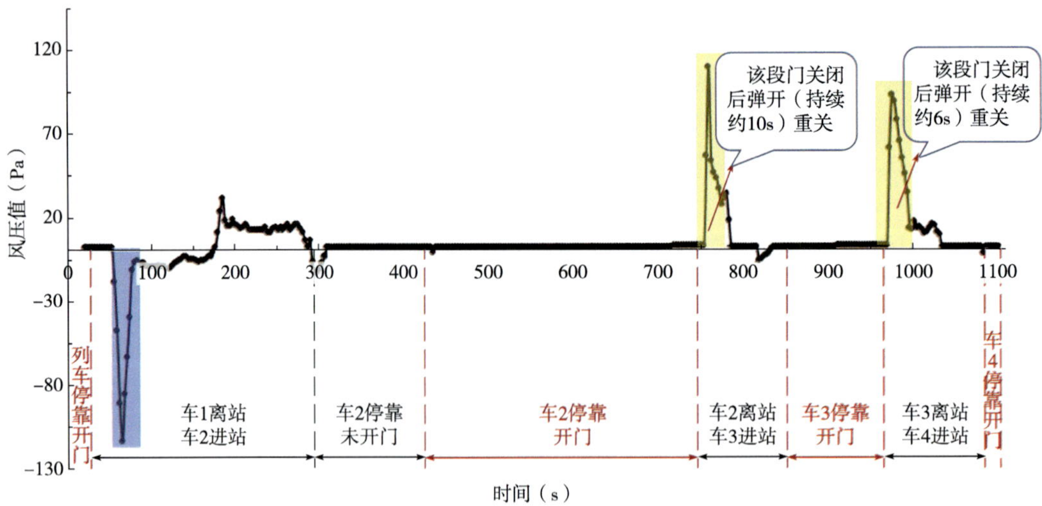

图 4-11　龙柏新村站 20 号门承压情况

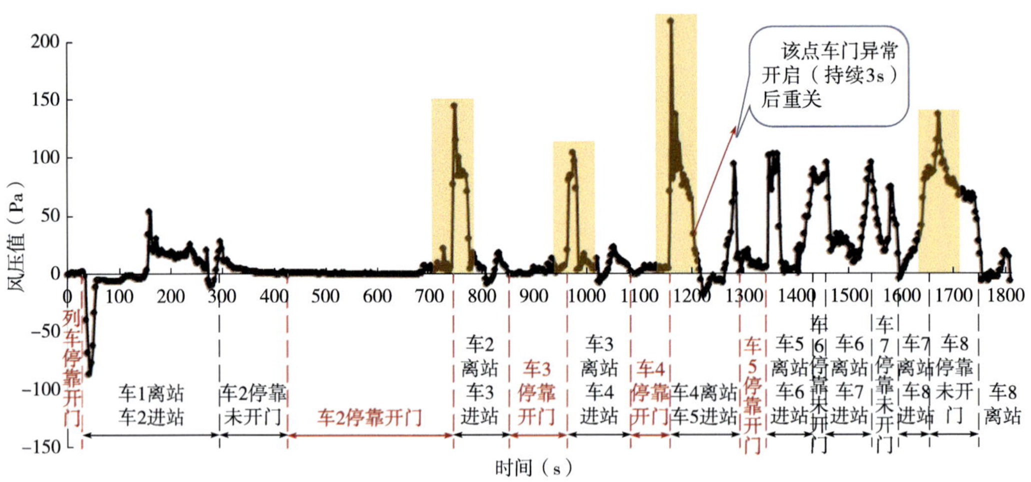

图 4-12　龙柏新村 27 号站台门承压情况

龙柏新村站站台门风压情况　　表 4-9

测量内容	位置					
	6 号门	8 号门	10 号门	12 号门	14 号门	17 号门
正压最大（Pa）	35	23	28	59	145	59
正压平均（Pa）	17.3	4.94	1.82	4.94	2.7	11.25
负压最大（Pa）	0	–27	–61	–38	–108	–5
负压平均（Pa）	0	–4.71	–13.57	–10.39	–14.49	–3.5

测量内容	位置					
	20 号门	24 号门	27 号门	28 号门	30 号门	
正压最大（Pa）	109	160	218	196	91	
正压平均（Pa）	5.02	32.39	23.44	27.28	21.83	
负压最大（Pa）	–118	–34	–86	–64	–70	
负压平均（Pa）	–16.36	–22.57	–9.54	–22.22	–11.9	

4.4.3　电气特性研究

分析滑动门开 / 关过程的电流曲线图能够判定该门在哪一阶段摩擦力出现异常，可针对该情况进行相应的机械调整来降低门体受到的摩擦力，从而保证门体正常运行。电机运行时的电流曲线能给研究站台门运行问题提供重要信息，样机房测试的典型电流曲线如图 4-13 所示。

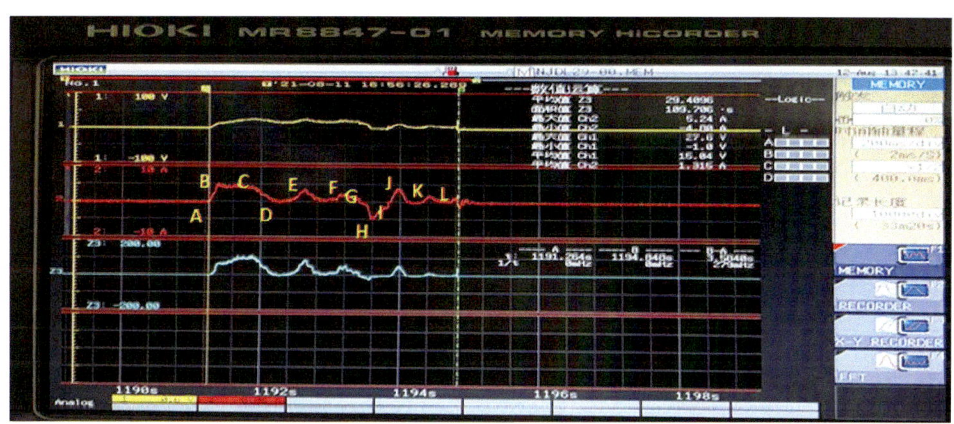

图 4-13　站台门关门电压电流曲线图

基于图 4-13 的电流分析过程如下：

（1）关门启动阶段（电流曲线 A-B），电流迅速上升，电机功率不断增加，直到克服了门体的静摩擦力，门体开始滑动；

（2）关门加速阶段（电流曲线 B-D），在 B-C 段电流较大，电机持续输出较大功率，使门体加速滑动，在 C-D 段电流逐步减小，加速度降低，门体逐步达到设定速度；

（3）关门匀速阶段（电流曲线 D-G），考虑门体受到阻力，为了维持匀速运动，电机会根据门体运动及速度情况，再次增加电流；

（4）关门减速阶段（电流曲线 G-I），电压降至 0，此时由于门体运动的惯性，线圈反向切割磁感线产生阻力，产生反向电动势，达到减速效果；

（5）关门最后阶段（电流曲线 J-L），在 I 点，电机再次给出正向扭矩，输出功率进一步增加，电流增大，使门体再次加速关闭。

在机房测试的基础上，在车站现场对门体分别在正常行车与 100s 行车间隔下的门体运行数据进行测量，结果分别如图 4-14 ～图 4-16 所示。

注意，图 4-16 中速度曲线上红色标注为门体滑动距离，速度曲线中的值为各点对应的速度。将同一时刻的电流曲线（图 4-15）与速度曲线（图 4-16）相对应可以看出，速度测试值与电流各阶段分析中得出的门体运动状态一致。

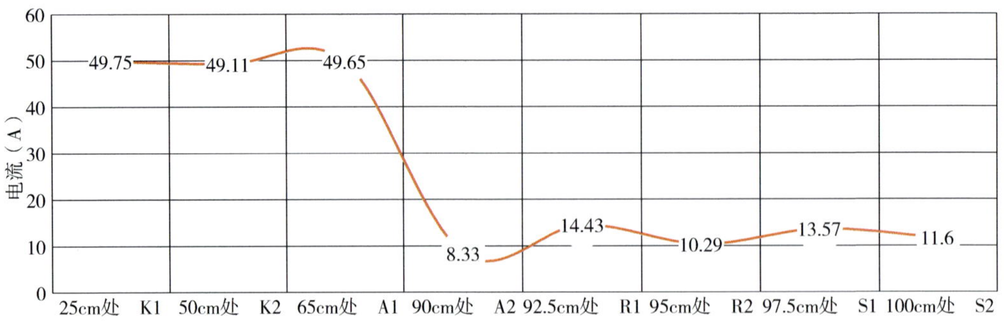

图 4-14　正常工况下的电流曲线图

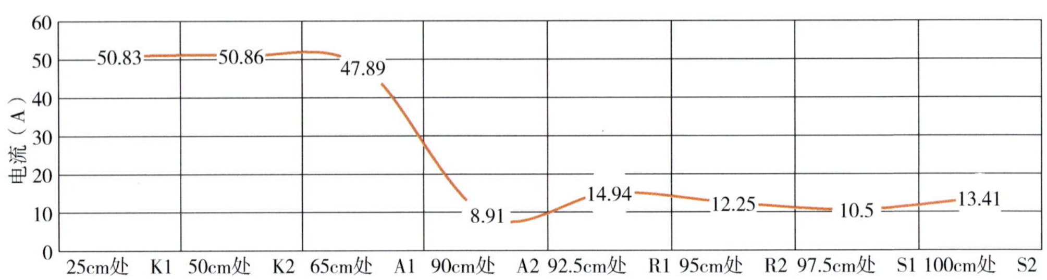

图 4-15　100s 间隔工况下的电流曲线图

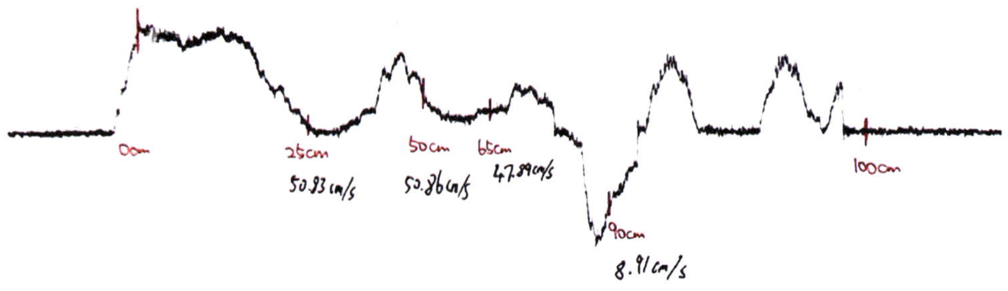

图 4-16　100s 间隔工况下的速度曲线图

4.4.4　机械特性研究

站台门的机械特性主要有结构强度、速度曲线、机械间隙及摩擦，需要对三个方面进行了分析。

（1）结构强度分析

以上海轨道交通 10 号线招标技术要求作为检测标准，确认设备结构强度是否能够满足要求。实测结果表明站台门设备能够满足该风压情况下的正常关门需求。

（2）速度曲线分析

对样机进行了滑动门速度曲线测试和绘制，检查车站现场门体是否与样机出现偏差，研究是否存在电机功率下降、老化等情况。测量结果基本无偏差，测试情况见图 4-17。

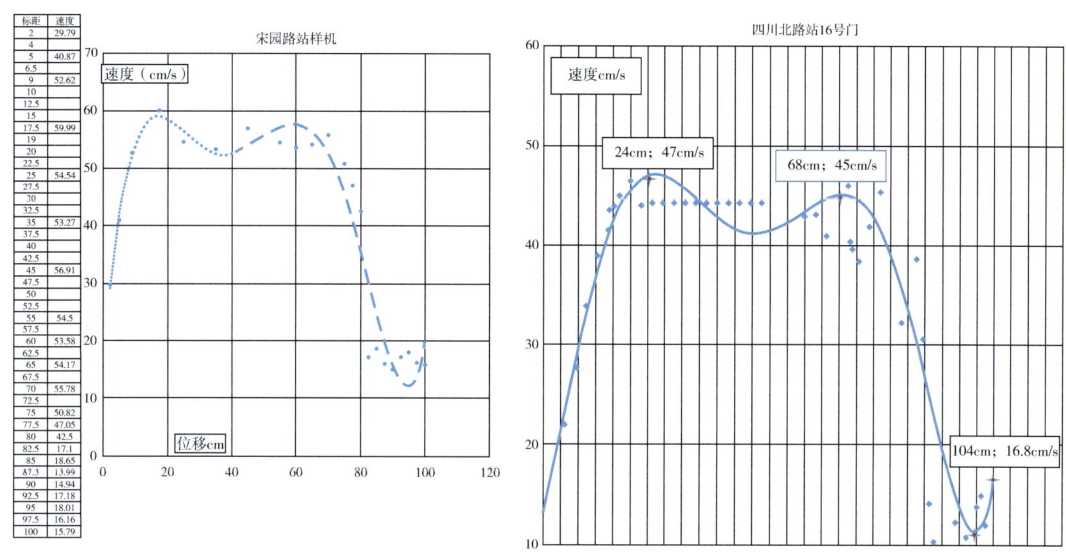

标距	速度
2	29.79
4	
5	40.87
6.5	
9	52.62
10	
12.5	
15	
17.5	59.99
19	
20	
22.5	
25	54.54
27.5	
30	
32.5	
35	53.27
37.5	
40	
42.5	
45	56.91
47.5	
50	
52.5	
55	54.5
57.5	
60	53.58
62.5	
65	54.17
67.5	
70	55.78
72.5	
75	50.82
77.5	47.05
80	42.5
82.5	17.1
85	18.65
87.3	13.99
90	14.94
92.5	17.18
95	18.01
97.5	16.16
100	15.79

图 4-17　站台门关门速度曲线

（3）滑动门机械间隙及摩擦

通过前期对部分站点滑动门立柱垂直度、滑动门与立柱间隙、地槛间隙的测量发现，现场存在立柱不垂直、间隙不均匀等情况。为了验证这些情况对滑动门开关造成的影响，采用“模拟”施加载荷的方法，以验证现场数据是否能够克服相应的风压。测试结果表明：在 50Pa 风压下，出现无法正常关门的情况。

项目组根据隧道风压原理及机械结构摩擦影响，对站台门关门过程的动力学行为进行了深入的模拟分析，风压模拟简化模型如图 4-18 所示。

由图 4-18 可见，当列车停站时，后车跟随导致的隧道风自后车向前挤压，以压力波形式向前扩散。站台门开启时，活塞风可以很方便地通过站台门进行扩散泄压；然而，当站台门关门时，滑动门开度逐渐减小，部分隧道气流向门洞的流动受阻，因此被压进滑动门与固定门的间隙中，造成关门时风压上升，门体受风面上的正压力增大。根据摩擦力公式 $F=\mu N$（其中，μ 为摩擦系数，N 为压力值），站台门关门时受到的摩擦力也会增大，因此造成站台门难以关闭，示意分别如图 4-19、图 4-20 所示。

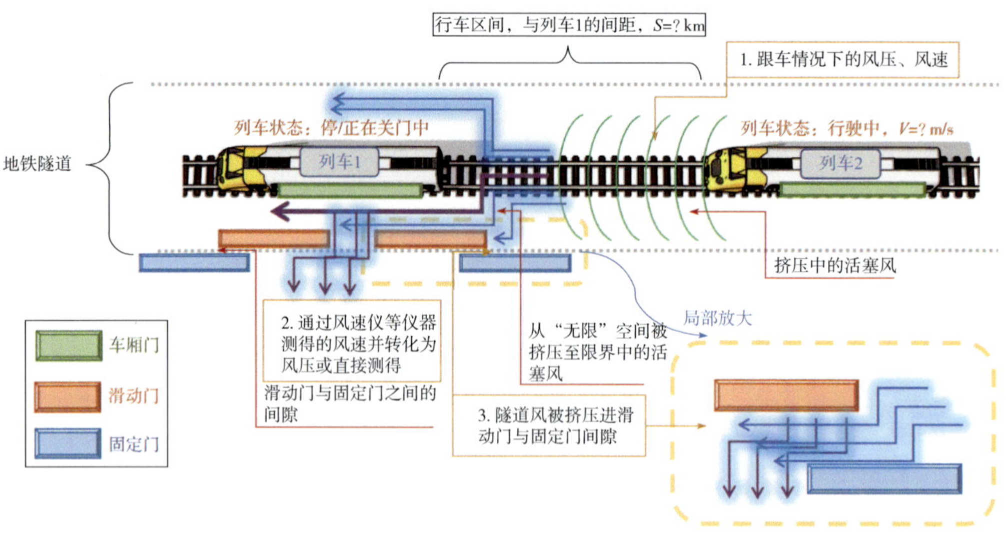

图 4-18　风压模拟图

注：1. 跟车情况下的风压、风速与列车 2 的行驶速度密切相关，但目前无相关数据；

2. 假设在这个位置上实际测得的风速为 v_1，风压为 p_1，站台压力为大气压力 p_0，压差为 Δp_1；

3. 局部经过“突缩”“突扩”，形成的屏蔽门两侧压差 Δp_2。

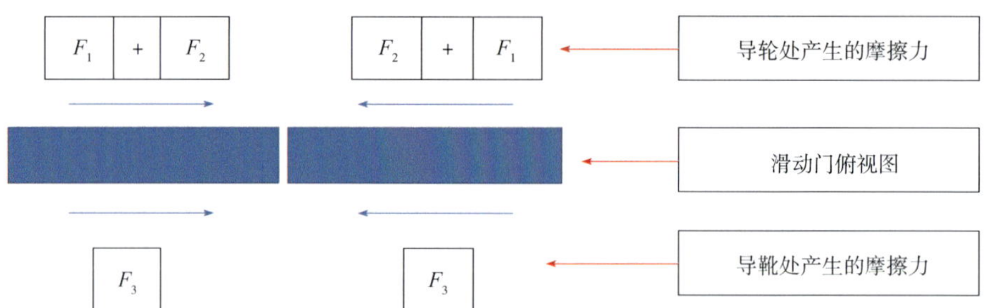

图 4-19　因风压提升摩擦力导致滑动门难以关闭的示意图（俯视图）

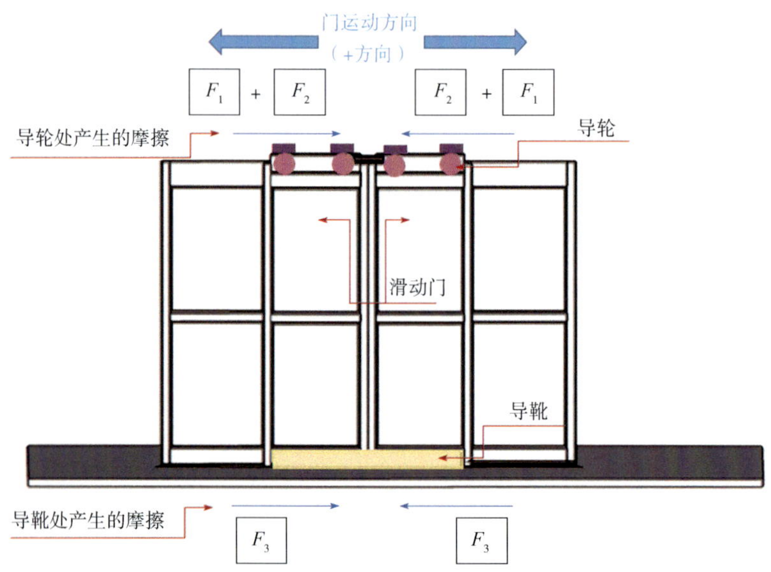

图 4-20　因风压提升摩擦力导致滑动门难以关闭的示意图（平面图）

因此，通过上述检测和推理分析，站台门关门延迟的机械原因已基本清晰，内容汇总见图 4-21。

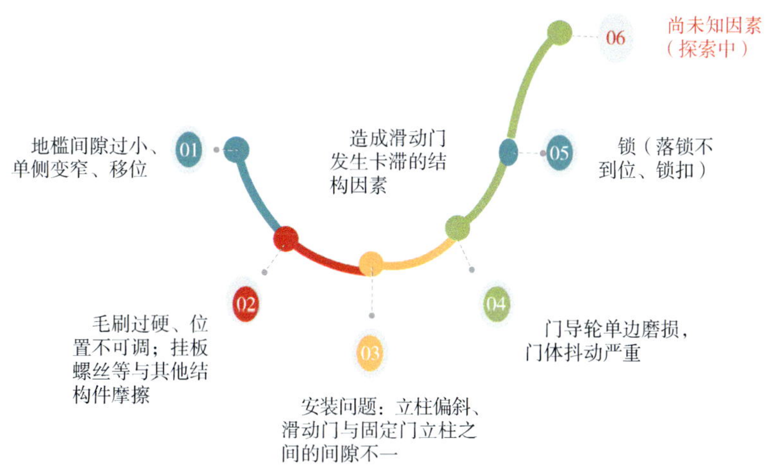

图 4-21　造成滑动门卡阻的因素分析

根据以上原因，整合了风压和摩擦力因素，用下式进行表达：

$$F(X)=F(\eta_1 P,\ \eta_2 S_d,\ \eta_3 S_l,\ \eta_4 S_j,\ \eta_5 W,\ \eta_6 L,\ X) \tag{4-1}$$

式中：P——风压（Pa）；

S_d、S_l、S_j——分别为地槛间隙、立柱偏差、滑动门与立柱间隙（mm）；

W——导轮偏斜程度；

L——与锁相关的因素；

X——其他因素；

$\eta_1 \sim \eta_6$——分别为权重系数。其中，风压由列车运行所引发，站台门系统无法进行修改，但其他因素可以通过机械调整、更换现场设备来使之变化，抵消风压增强导致的关门延迟情况。

4.4.5　控制特性研究

地铁站台门控制系统主要是通过调节电流和电压实现对站台门的速度和位置的控制。通过对电压进行脉冲宽度调制（Pulse Width Modulation，PWM）控制，就能控制站台门速度。由于无刷直流电机的速度随电压的变化而变化，可以与传感器检测到的信号进行对比并采用比例、积分和微分（PID）控制，实现速度闭环控制，达到对站台门速度和位置进行控制的目的，PID 控制逻辑见图 4-22。

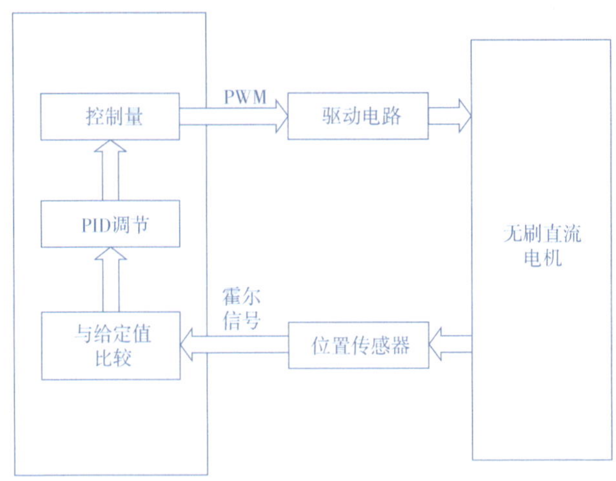

图 4-22　PID 控制逻辑

所谓 PID 控制，就是将输入偏差的比例（P），积分（I），微分（D）通过线性组合构成控制量，对被控对象进行控制的方法。因此，PID 控制要取得较好的效果，就必须调整好比例、积分和微分三种控制作用，形成相互配合、相互制约的关系，实现最佳参数的 PID 控制，PID 控制系统的结构如图 4-23 所示。

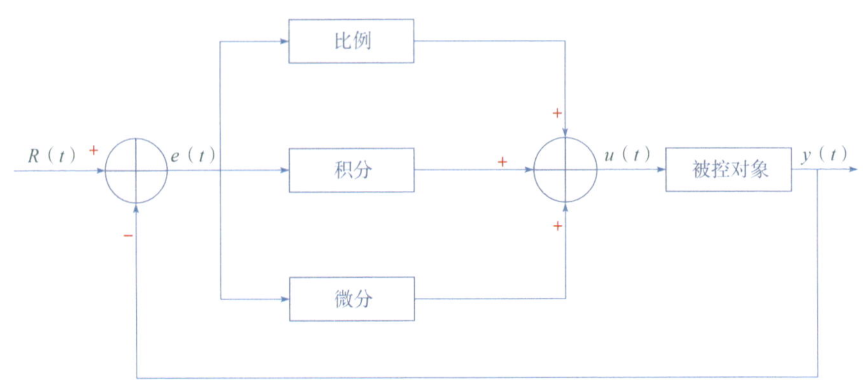

图 4-23　PID 控制结构

4.5　综合监控系统

综合监控系统（ISCS）可保证列车运行环境的安全，它的功能包括：通过摄像机监视线路、停车区域的基本情况，通过采集各子系统的状态数据实时了解区间供电及环境情况。

ISCS 可对车载设备进行监控，以及为直接面向列车的乘客提供紧急情况时的服务，包括：车载实时图像调用、车载视频监控联动、PIS 信息下发、列车信息监视。能在中央复示任一列车驾驶台所能显示的信息，以实现故障情况下列车远程监视和操作。

在车站早间启运和晚间停运时，ISCS 对车站各机电设备状态进行自检，在自检通过后将各设备自动设置为投入运行状态或停止运行状态，减少运营人员至各设备现场的操作。

在车站发生火灾、大客流、临时封站等突发事件时，ISCS 发挥其联动各相关子系统协调工作的能力，控制各子系统按预先设计好的模式运行。

ISCS 还具备维修支持功能，实现对故障的快速分析诊断。

4.6 全自动运行核心系统可靠性

系统可靠性定义为平均无故障时间（MTBF）或平均无故障里程（MDBF）。运行可靠性定义为平均无运营故障时间（MTBSF）或平均无运营故障里程（MDBSF）。

①平均无故障时间（Mean Time Between Failure，MTBF）：在规定的条件下，运营列车两次相邻故障的平均连续时间。

②平均无运营故障时间（Mean Time Between System Failures，MTBSF）：在规定的条件下，运营列车两次相邻运营故障的平均连续时间或以一列车为单位的子系统出现两次相邻运营故障的平均连续时间。

③平均无故障里程（Mean Distance Between Failure，MDBF）：在规定的条件下，运营列车或功能单元两次相邻故障的平均间隔里程。

④平均无运营故障里程（Mean Distance Between System Failures，MDBSF）：在规定的条件下，运营列车两次相邻运营故障的平均间隔里程或以一列车为单位的子系统出现两次相邻运营故障的平均间隔里程。

在列车可靠性计算中将采用公式：$MDBSF=L_i/N_i$，其中：L_i 为所有运营列车在正线上运行总距离，N_i 为在 L_i 距离内所有运营列车上所发生的列车运营故障总数。

核心子系统系统设备满足可靠性和可用性要求，系统关键设备考虑必要的冗余设计和应急需求，以确保在故障情况下继续运营或采用降级模式。上海轨道交通 10 号线全自动运行核心各子系统的可靠性、可维护性指标见表 4-10。

系统 / 子系统可靠性目标　表 4-10

故障类别	对运营的影响时间	车辆	信号	站台门	综合监控
		平均无故障运行公里数（km）	平均故障间隔时间（h）	平均故障间隔时间（h）	平均故障间隔时间（h）
重大	大于 2h	＞ 151500	＞ 3750000	＞ 1500000	＞ 1500000
严重	15min ～ 2h		＞ 750000	＞ 300000	＞ 300000
次要	2 ～ 15min		＞ 54000	＞ 21500	＞ 21500
可忽略	小于 2min	＞ 27500	＞ 9000	＞ 3500	＞ 4000
可靠性目标		＞ 23000	＞ 7500	＞ 3000	＞ 3000

全自动运行线路的系统设备除具有可维修性、可检测性、标准化要求之外，还满足可达性、模块化、拆装性、坚固性、清洁性等基本要求：

①可达性：设备的安装考虑所处空间和通达的局限性。

②模块化：在充分考虑备品备件的可靠性和成本的前提下依据功能和物理特性将设备分割成各子模块。

③拆装性：考虑设备的重量要求及其拆卸和装配的性能。

④坚固性：设备能经受反复的拆卸和装配作业。

⑤清洁性：整体构架的各个组成部分均能进行清洁维护。

⑥可维修性：为所有系统设备，特别是核心系统设备制定可维修性目标，以减少设备故障对运营的影响。设备可维修性指标一般用平均故障修复时间表示，指从运营人员请求维修介入的时间点开始，直到设备重新投入运营的时间点。

⑦软件的可维护性：系统专用软件能在不需要特定条件的情况下（但应遵守平均故障修复时间）方便快捷地装载，供货商必须提供必要工具以便于软件的安装、检查和验证。

车辆、信号、站台门、综合监控、通信及无线集群系统也设有可维修护性目标，平均维修时间不超过 1.5h。

上海轨道交通 10 号线自 2014 年 8 月开通全自动运行模式以来，运营指标良好，全自动运行系统可靠性指标情况见表 4-11。

全自动运行系统可靠性指标 表 4-11

项 目	平均值
列车退出正线运行次数	119.4
列车退出正线运行故障率（次 / 万列公里）	0.237
车辆故障造成 2min 晚点列次数	58.6
车辆系统故障率（次 / 万列公里）	0.119
信号系统故障次数	36.4
信号系统故障率（次 / 万列公里）	0.076
供电系统故障次数	3.2
供电系统故障率（次 / 万列公里）	0.006
载客列次	162303.6
站台门系统故障次数	28.6
站台门系统故障率（次 / 万列公里）	0.002
红外线故障次数	16.6
红外线故障率（次 / 万列公里）	0.038
列车降级事件数	82
列车降级率（次 / 万列公里）	0.63
列车降级列次	310
唤醒自检成功率（次 / 万列公里）	99.473

全自动运行线路的安全性、运行效率、可靠性高于传统线路，具有高度自动化、安全性的设备系统，具备列车自动运行、状态自动监控、故障自动应对、行车自动调整等功能，系统的可靠性是最小行车间隔 100s 运行的基础。

HIGH-DENSITY OPERATION WITH LARGE TRAFFIC VOLUME
ON FULLY AUTOMATIC LINES

第三部分

EXPLORATION AND PRACTICE OF

HIGH-DENSITY OPERATION WITH LARGE TRAFFIC VOLUME

ON FULLY AUTOMATIC LINES

第 5 章

总体实施方案

上海轨道交通 10 号线是一条已经运营 10 余年的线路，自 2014 年起开通全自动运行模式，100s 行车间隔项目实施过程中大量的试验和改造必须以不影响日常运营为前提。

第一阶段结合线路基本情况对信号、车辆、供电、站台门等系统实际执行能力做必要研究和评估，对全自动运行线路大运量高密度运营可行性进行系统性思考。第二阶段考虑运用车辆数实际情况，设计了分阶段单边运行的线路大运量高密度运营实施方案。

5.1 半小时常态 100s 运营方案

半小时常态 100s 运营方案考虑因素包括：线路条件、运用列车数、运营场景。

（1）线路条件

选择龙溪路站—江湾体育场站、龙溪路站—新江湾城站两个小交路作为首选和备选交路方案。虽然宋园路站、一大会址 · 新天地站、四川北路站也可以作为交路折返站，但由于这些车站选用三开道岔，尖轨较薄，频繁过岔可能会导致尖轨受损，不适合作为常用交路折返站。

（2）运用列车数

上海轨道交通 10 号线配属 67 列车，可实现中心城区运营行车间隔 150s，但要实现行车间隔 100s 并维持 1h 的运行时间，需单边增加 12 列车。由于配属车辆数不足，达不到列车周转所需的车辆数，因此编制试跑方案时先对交路进行 0.5h 单边试跑。

（3）运营场景

结合客流实际情况和列车配属数量，分析小间隔运营的区段和时段，规划执行试点及正式运营的时间点。采用分时段循序渐进的方式，在不同客流的峰值下进行试跑测试：晚高峰后平峰阶段、日间平峰阶段、周一到周四晚高峰阶段、周五晚高峰阶段、工作日早高峰阶段，具体实施方案见表 5-1。

分阶段常态化运营方案　表 5-1

运营场景	客流时段	区段	运用车数
晚高峰低谷测试方案	20：00—21：30	龙溪路站—江湾体育场站（上行单边）	46
平峰测试方案	13：30—15：00	龙溪路站—江湾体育场站（上行单边）	46
周一到周四晚高峰测试方案	17：30—19：00	龙溪路站—江湾体育场站（上行单边）	46
周五晚高峰测试方案	17：30—19：00	龙溪路站—新江湾城站（上行单边）	48
工作日早高峰测试方案	8：00—10：00	龙溪路站—新江湾城站（上行单边）	51
周五晚高峰测试方案	17：30—18：30	龙溪路站—新江湾城站（上行单边）	59

100s 行车间隔试跑方案为龙溪路站—江湾体育场站上行单边半小时，最大运用列车数为 46 列，其中正线用车 36 列 + 备车 3 列，试跑时吴中停车场出库 7 列，正线 3 列，备车投入上行运行，涉及 100s 行车间隔的列车数量为 19 列，开行交路见图 5-1 与图 5-2。

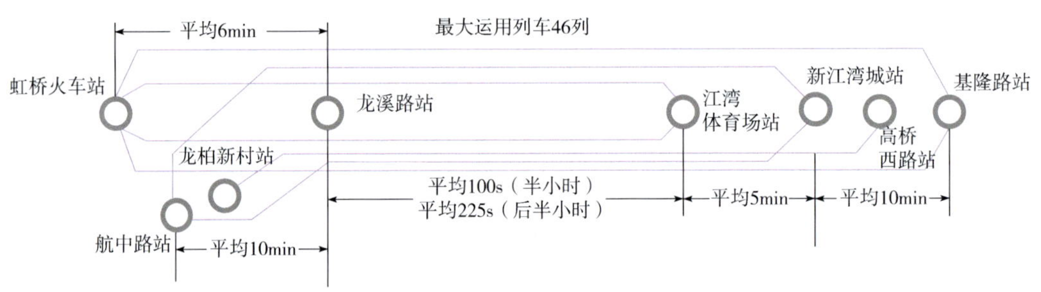

图 5-1　半小时运营交路（龙溪路站—江湾体育场站 / 上行单边）

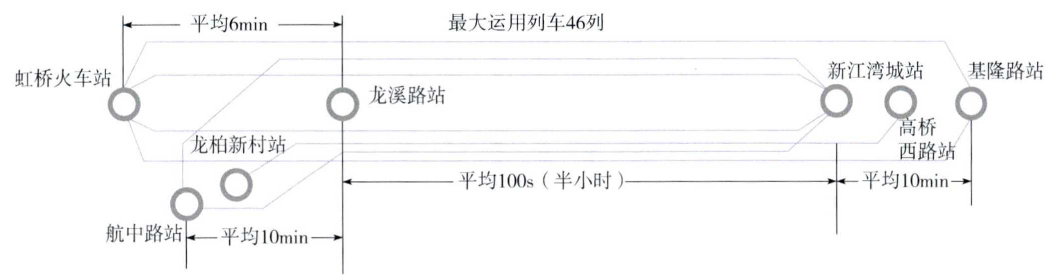

图 5-2 半小时运营交路（龙溪路站—新江湾城站 / 上行单边）

5.2 突发事件处置方案

为确保 100s 行车间隔测试期间的运营安全，快速高效处置突发事件，保障 100s 行车间隔运营，项目组在原突发事件应急预案（总体预案、专项预案、现场处置方案）及其他作业规定的基础上，特制定现场处置方案作为补充，优化部分应急处置操作，确保 100s 行车间隔持续运营安全。

5.2.1 应急组织及指挥

（1）启停条件

100s 行车间隔测试开始前，由运营调度确认各车站相关设施设备、列车、保障人员均到位，满足测试开展的启动条件，由运营调度确认启动 100s 行车间隔测试。

测试过程中若发生突发事件或故障，无法继续维持 100s 行车间隔，由运营调度对后续运营进行调整，各专业参照预案进行突发事件应急处置。

运营调度下令中断 100s 行车间隔测试后，调整后续运营，安排列车退出运营，返回车场或停靠存车线。

（2）应急联动

突发事件发生后，多职能队员（列控）、多职能队员（站控）及时向 POCC 报告；当多职能队长（列控）、多职能队长（车站）了解突发事件后，及时向生产调度、线路主管进行初报；在应急处置完毕后，运营恢复正常后做好事件处置流程的评估、分析和总结工作，并逐级上报，应急信息传递见图 5-3。

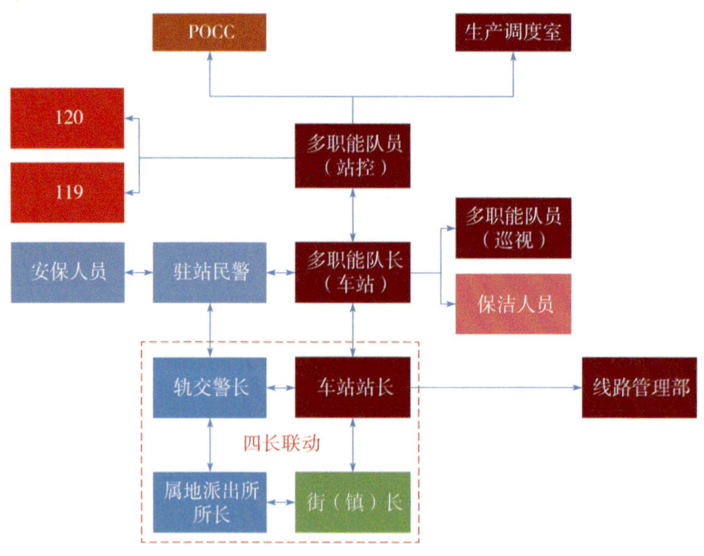

图 5-3　车站应急信息传递图

（3）外部应急联动

突发事件发生后，车站根据事态发展及现场情况，严格按照预案适时与社区街道、地区公安、轨道公安等部门联动协作，启动“四长联动”等应急处置机制，加强各自管辖范围内现场指挥。

5.2.2　应急信息传递

（1）多职能队员（列控）信息报告内容

①列车车次、车号；

②列车迫停情况（位置、类型、程度、是否影响列车通过、是否与列车发生碰擦等）；

③列车车况及运行状态；

④应急处置情况及进展；

⑤其他需要报告的必要信息。

（2）车站信息报告内容

①突发事件发生的时间、站点、具体部位；

②列车位置及运营状态（进站、停站、出站、是否办理上下客等）；

③车站设施设备运作状态及联动情况；

④抢修人员响应情况、应急处置情况及进展；

⑤其他需要报告的必要信息。

5.2.3 列车车门故障现场处置方案

当上海轨道交通 10 号线以行车间隔为 100s 运营期间发生列车车门故障时，启动列车车门故障现场处置方案。方案具体如下：

（1）单扇车门无法打开

多职能队员（列控）/ 多职能队员（巡视）/ 保驾人员同时引导乘客至相邻车门。运营调度通知多职能队员（列控）将驾驶模式转换至 MCS 模式，切除门控后尝试打开车门，并进行车调联控，若仍无法打开车门进行关门作业，确认车门关闭到位后继续运营，必要时由多职能队员（列控）/ 多职能队员（巡视）/ 保驾人员隔离故障车门。运营调度通知车辆日检人员就近登车确认故障车门状态并进行应急处置，至下站再次尝试开关门作业。运营调度通知后续车站，多职能队员（巡视）做好故障车门周边乘客引导工作。若故障车门无法修复，保持隔离状态直至退出运营。

（2）单扇车门无法关闭

运营调度、多职能队员（列控）、多职能队员（巡视）相互协助确认故障车门实际状态，若车门关闭，手动隔离故障车门，确认门灯信号后继续运营。运营调度通知车辆日检人员就近登车确认故障车门状态并进行应急处置，至下站再次尝试开关门作业。运营调度通知后续车站，多职能队员（巡视）做好故障车门周边乘客引导工作。若故障车门无法修复，保持隔离状态直至退出运营。若现场确认故障车门未关闭到位，尝试重新开关门作业，若故障无法排除，参照相应列车排故手册《10A01/02 型电动列车正线故障应急处置手册》进行排故操作，运营调度做好后续列车运营调整。

（3）多扇车门故障或整侧车门故障

发生故障后，多职能队员（列控）尝试重新进行开关门作业，若故障无法排除，参照相应列车排故手册《10A01/02 型电动列车正线故障应急处置手册》进行排故操作，运营调度做好后续列车运营调整。

列车恢复运行后，运营调度员通知车辆日检人员就近登车确认车门状态，并根据故障情况调整后续列车运营。多职能队员（列控）、多职能队员（站控）、多职能队员（巡视）通过广播做好故障车门乘客上下车的引导工作。车辆日检人员负责做好车门故障的判断及修复，做好运营过程的随车保驾工作。

5.2.4　站台门故障现场处置方案

当上海轨道交通 10 号线以行车间隔为 100s 运营期间发生站台门故障时，启动站台门故障现场处置方案。方案具体如下：

（1）单扇站台门故障

单扇站台门无法开启、关闭时，关闭锁紧灯不亮，车站工作人员确认无夹人夹物、列车车门关闭良好后及时向车站值班人员汇报，车站工作人员确认符合发车条件后，用专用钥匙将故障站台门对应的就地控制盒（LCB）开关设置为“手动”挡后进行发车，故障期间安排现场人员于故障门处监护乘降作业。列车出清站台后，对该站台门进行开关门操作及故障处置，确认正常后恢复故障站台门。

（2）多扇或站台门整侧门无法自动关闭

多职能队员（站控）或多职能队员（巡视）确认列车与站台门无夹人夹物，列车门关闭良好。确认完毕后，站台门保驾现场负责人发布指令，手动在 PSL 盘进行“互锁解除”操作后，进行发车。

（3）站台门关闭后，关闭锁紧灯不亮，列车无速度码

站台门关闭后，关闭锁紧灯不亮，列车无速度码时，车站工作人员或车站其他相关人员确认列车与站台门无夹人夹物，列车门关闭良好。确认完毕后，站台门保驾现场负责人发布指令，将站台门就地控制盘设置为“互锁解除”挡，将列车驶离车站。如发生“互锁解除”无效时，由车站安排相关人员进入站台门管理室将站台门弃用。

（4）站台门夹人夹物

若发生或疑似夹人夹物的情况时，及时采取按压紧急制动等措施截停列车。站台门关闭后，关闭锁紧灯不亮，列车无速度码时，车站工作人员或车站其他相关人员确认列车与站台门是否存在夹人夹物。发现夹人夹物情况第一时间按压“紧急关闭按钮（ESP）”，将夹人夹物的站台门的 LCB 设置为“手动”挡，处理夹人夹物后，将滑动门关闭。此时 PSL 上“关闭且锁紧”灯亮，后复位 ESP 使列车能获得速度码，列车可顺利进出站。

（5）列车接近站外 50m 区段，落码停车

多职能队员（站控）迅速通知车站工作人员对站台门进行确认，关闭锁紧灯是否常亮；若关闭锁紧灯不亮，由站台门保驾现场负责人发布指令，车站应迅速将站台门打至互锁解除挡并始终保持至列车驶入车站。

（6）站台门安全防夹探测装置（红外探测装置）故障

当站台门红外探测装置报警、故障时，车站工作人员确认站台门关闭且无夹人夹物后，由站台门保驾现场负责人发布指令，在 PSL 操作盒上进行“互锁解除”操作，此时 PSL 上“关闭且锁紧”灯亮，列车能获得速度码，列车进出站。

5.2.5　站台突发大客流现场处置方案

当上海轨道交通 10 号线以行车间隔为 100s 运营期间发生突发站台大客流时，启动站台突发大客流现场处置方案。方案具体如下：

①多职能队长（车站）至现场进行指挥、增派保驾人员至现场配合引导，对楼梯口、自动扶梯口等部位安排人员值守引导，对站厅至站台层客流进行限流。

②多职能队员（巡视）及现场保驾人员维持好站台秩序，有序办理上下客作业，对站台客流集中的部位做好客流的平移，分散至其他部位。

③多职能队员（列控）、多职能队员（站控）、多职能队员（巡视）加强瞭望及上下客监护，防止夹人夹物发生。多职能队员（站控）做好广播提示，引导乘客乘坐后续列车。

④做好站厅与站台客流的动态跟踪，及时联动，维持客流均衡。

⑤若客流情况持续上升，参照《大客流专项预案》启动车站大客流应急响应。

5.2.6　车站突发火情火警现场处置方案

当上海轨道交通 10 号线以行车间隔为 100s 运营期间发生车站火情火警时，启动车站突发火情火警现场处置方案。方案具体如下：

①当发生车站突发火情及火警后，判断火情火警影响范围，若火情火警暂未影响行车安全，在维持运营的同时参照《车站火灾专项预案》及相关现场处置方案进行火情火警的应急处置。

②若火情火警已蔓延或即将至站台及隧道区域，多职能队员（站控）立即汇报运

营调度，运营调度调整后续列车，安排该车站跳停，直至处置完毕。

③车站参照《车站火灾专项预案》及相关现场处置方案进行火情火警的应急处置，并及时通报运营调度处置情况。

5.2.7　车站失电现场处置方案

当上海轨道交通 10 号线以行车间隔为 100s 运营期间发生车站失电时，启动车站失电现场处置方案。方案具体如下：

①当发生车站失电现象时，判断失电范围是否影响行车设备（站台门、信号、通信系统等），若未对行车设备造成影响，在维持运营的同时，参照《车站失电专项预案》及相关现场处置方案进行应急处置。

②当车站失电造成站台门无法打开时，多职能队员（站控）立即汇报运营调度，组织后续进站列车跳停本站，同时车站通知多职能队员（巡视）、保驾人员视情况手动打开站台门，办理上下客作业。

③当车站失电造成信号系统故障时，多职能队员（站控）立即汇报运营调度，运营调度对后续运营进行调整，各岗位参照《车站失电专项预案》《信号故障专项运营》及相关现场处置方案执行。

5.2.8　紧急驾驶台盖开启现场处置方案

当上海轨道交通 10 号线以行车间隔为 100s 运营期间处于 UTO 模式下，运行的载客列车驾驶台盖板非多职能队员（列控）操作原因被打开的情况下，启动紧急驾驶台盖开启现场处置方案。方案具体如下：

①设备调度员发现在线监测平台报警语句显示或接乘客反映"驾驶室驾驶台盖板被打开"后，立即通知多职能队员（列控）或随车保驾人员至相应车确认设备柜门状态。

②若确认现场盖板未打开，维持 AM 运营。

③若打开，将其关闭；若能锁闭，维持 AM 运营；若无法锁闭，安排人员监护至终点站退出运营。

5.3　运营指标评估

100s 行车间隔运营区段列车均能按图运营，除部分区段因为列车稍有延误之外，运行图执行情况良好。

根据半小时客流数据分析，期间总体客流无明显变化。同时，在运能增长的情况下，满载率明显下降。与周五晚高峰上行满载率最高区间进行对比，宋园路站—虹桥路站上行常态化的满载率为 52.46%，100s 间隔运营期间满载率下降至 22.09%，满载率下降了 30%。

运营期间车站广播、PIS、上海地铁网络三色状态运营信息系统（TOS）情况正常，除港城回库列车，车站以人工播报方式进行广播宣传。同时，为确保乘客安全、候车有序，车站工作人员以人工广播词进行宣传引导，并报备集团运管部。

经过调整的站台门能满足 100s 间隔运营的要求，非 100s 间隔区段的站台门及国帆路站（二期车站）因先前尚未进行过调整，对运营仍有影响。

晚高峰低谷测试江湾体育场站分叉能力尚不满足，其他信号系统的能力达到 100s 间隔运营的要求，后续考虑调整 100s 间隔运营交路进行解决。

供电专业设备运营期间正常，需要对牵引负荷（龙溪路站、宋园路站）数据进行采集，通过对试跑期间所采集的测试数据进行比较分析，得出结论为：相关区段对应的牵引直流馈线开关电流值高于平峰时段，但未达到继电保护的跳闸值，在允许范围内。整流变开关最大电流高于平峰时段，但未超出整流机组及整流变压器的设计容量，在允许范围内。上海轨道交通 10 号线牵引供电能力满足 100s 间隔运营的需求，符合《地铁设计规范》（GB 50157—2013）的供电标准。

运营期间，车辆专业设备均正常，100s 间隔运营的列车能耗与同时段常态运营期间能耗相比无明显增多，满足运营要求，相关数据见表 5-2。

能耗对比（单位：kW·h）　　表 5-2

能　　耗	100s 间隔运营	同时段常态运营
总能耗	784.27	770.88
再生能耗	278.29	279.93
辅逆能耗	191.53	191.56
牵引能耗	515.56	523.69
空调能耗	70.01	65.15

第6章

实践情况

通过上述场景的常态运营测试，100s 间隔运营区段列车均能按图运营，未发生列车晚点事件。

6.1 运营情况

高峰时段半小时常态 100s 运营对应急管理从不同的角度提出了新的要求，通过对前期试运行期间的应急预案测试，修订形成专项预案，提高故障处置效率。

6.1.1 站台等候人数

经过对常态运营期间的站台客运组织情况分析，将南京东路站上行 25 号及 26 号门、天潼路站上行 22 号门、江湾体育场站上行 6 号门确定为核心车站重点位置。

常态运营期间，南京东路站上行 25 号及 26 号门平均等候人数 14 人左右；天潼路站上行 22 号门平均等候人数 15 人左右；江湾体育场站上行 6 号门平均等候人数 5 人左右。100s 间隔运营期间，对所有的数据进行统计分析，如图 6-1 所示。

从图 6-1 可以看出，在 100s 间隔运营期间，核心车站重点车门位置等候人数有了明显减少。

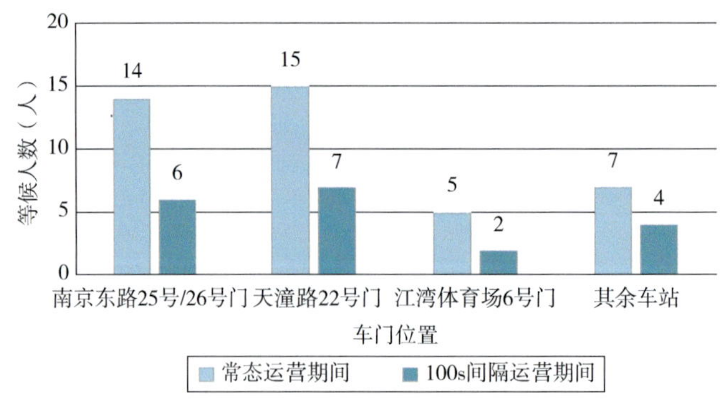

图 6-1　车门平均等候人数

6.1.2　满载率

对 2021 年 1—6 月晚高峰时段 17：30—18：45 上行方向半小时断面满载率进行汇总统计，断面满载率平均在 65% 左右，最高值在宋园路站—虹桥路站上行区段出现，满载率为 72.27%；

100s 间隔试跑期间，在运能提升的背景下，其满载率相对常态化满载率有显著下降，下降了 58%。

6.1.3　运营风险分析

（1）仍有乘客冲门现象

100s 的行车间隔虽然提高了列车密度，但是乘客尚未完全适应，仍然存在冲门情况，存在安全隐患，并可能造成站台门、车门故障。

第二阶段周一到周四晚高峰运营前，增加了通过车站专项广播进行乘客引导，告知乘客后续列车即将进站，向乘客传递“下一班列车会马上进站，无须冲门”的理念，新增广播词:“乘客们，10 号线正在进行运营调整，列车马上就要进站了，请听从工作人员指挥有序上下车，不要冲门，上不去的乘客请耐心等待后续列车，谢谢配合!”

车站乘客引导开启播放后，乘客冲门现象明显减少，因乘客冲门导致的站台门故障基本消失，实施情况良好。

（2）应急处置效率与安全的平衡

100s 间隔运营的专项预案对站台门故障的处置进行了调整，将站台门故障优先采用“关闭隔置”调整为“互锁解除”，并且站台门关门延时也采用了互锁解除，但是频繁使用互锁解除存在一定的安全隐患。

第二阶段周一到周四晚高峰运营前，对 100s 间隔运营的专项预案中涉及“互锁解除”的相关条款进行修订，增加“确认站台门及车门关闭且无夹人夹物后，由站台门保驾现场负责人发布指令后进行互锁解除”的要求。

6.2　信号系统

根据晚高峰低谷测试，江湾体育场站上行 17 号道岔因保护区段（overlap）防护解锁时间问题，对 100s 间隔运营有所影响，目前分叉能力不满足 100s 的运营需求，需要采取变更运行路径、调整关门时机、调整折返运行速度、优化 overlap 防护解锁速度等方式。

6.2.1　分叉能力

10 号线江湾体育场站是一个中间折返站，具有较高的折返能力，可以作为 10 号线的小交路折返点。江湾体育场站的列车运营模式是通过和折返交替进行，开行比为 1 : 1。

根据 10 号线 100s 间隔运营交路，江湾体育场站是 100s 间隔运营的分叉站，因此需要满足 100s 间隔运营的分叉能力。

目前，五角场站至江湾体育场站的区间距离为 629m，列车在等级二下运行只需要 72s。如图 6-2 所示，当列车到达江湾体育场站后，道岔 P17J 在转换或未完成锁闭，使以 S35J 为始端的进路无法开放，进而导致 ATO 发车距离不足，需要在站台将列车扣车，导致列车晚点，从而影响了 100s 间隔运营。为此，需结合车站现状修改路径，以提升江湾体育场站的分叉能力。

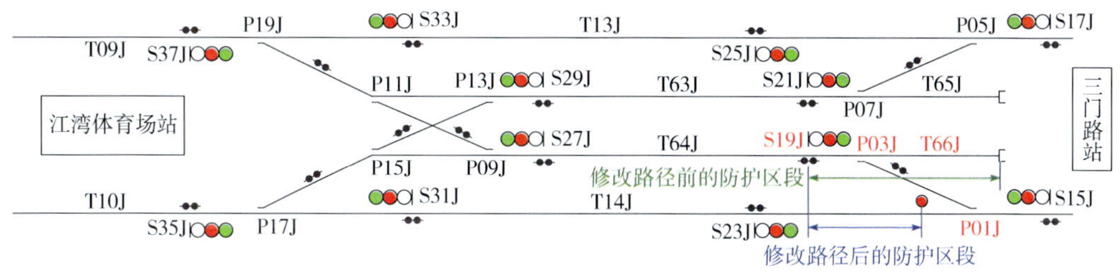

图 6-2　江湾体育场站

6.2.2 大交路路径修改前分叉能力分析

修改大交路路径前，列车能够从江湾体育场站正常发车的条件是车门已关闭，同时前方进路已开放移动授权终点（EOA），那么在这种情况下，江湾体育场站的分叉能力受江湾体育场站的接车能力与道岔 P17J 分叉能力的影响。通过仿真得到大交路路径修改前江湾体育场站分叉能力—间隔曲线图，如图 6-3 所示，进而得到表 6-1 中的结果。

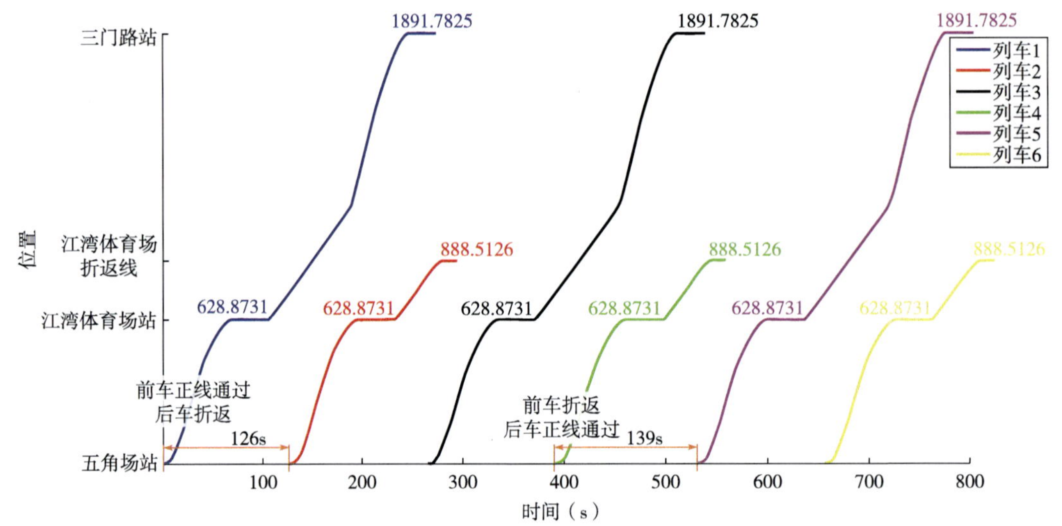

图 6-3　大交路路径修改前江湾体育场站分叉能力—间隔曲线图

江湾体育场站接车能力与 P17J 分叉能力　　表 6-1

前后车关系	接车能力（s）	P17J 分叉能力（s）
前车折返，后车正线通过	139	57
前车正线通过，后车折返	126	44

前车折返、后车正线通过的情况如图 6-4 所示，当前车经过 P17J 道岔的反位进行折返，后车经过 P17J 道岔的定位正线通过时，道岔 P17J 需要从反位转换至定位状态，此时江湾体育场站的通过能力是 139s，道岔 P17J 的分叉能力是 57s。

前车正线通过、后车折返的情况如图 6-5 所示，当前车经过 P17J 道岔的定位正线通过，后车经过 P17J 道岔的反位进行折返时，道岔 P17J 需要从定位转换至反位状态，此时江湾体育场站的通过能力是 126s，道岔 P17J 的分叉能力是 44s。

由此得知，江湾体育场站按照上述列车运营模式，用修改前的大交路路径行车，车站的接车能力与分叉能力均不符合 100s 行车间隔要求。

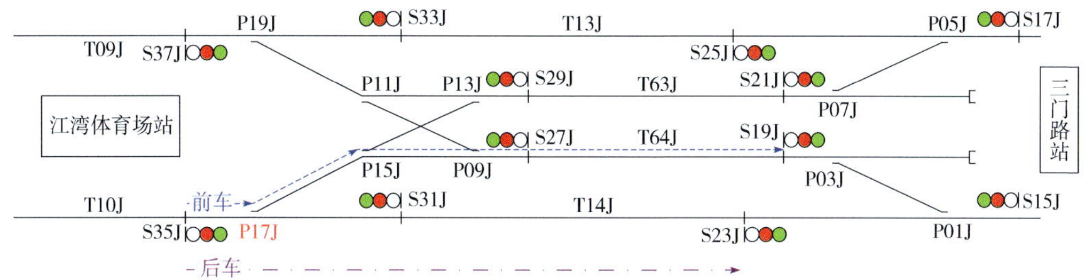

图 6-4 第一种情况列车运行进路

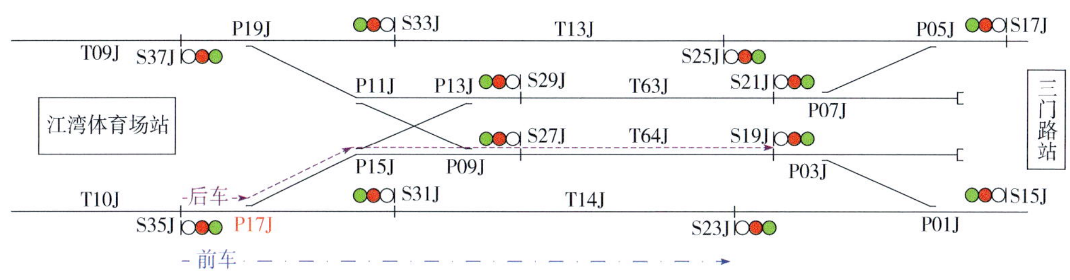

图 6-5 第二种情况列车运行进路

6.2.3 大交路路径修改后分叉能力分析

修改大交路路径后，如图 6-6 所示，大交路的列车通过站后 T64J 折返线走八字路径，小交路列车通过站后 T63J 折返线进行折返。在行车路径变更后，100s 间隔运营时，前后车在江湾体育场站对出站道岔 P17J 的位置需求均在反位，分叉能力约束点转移至了江湾体育场站的接车能力以及道岔 P15J-P13J 定反位的分叉能力。

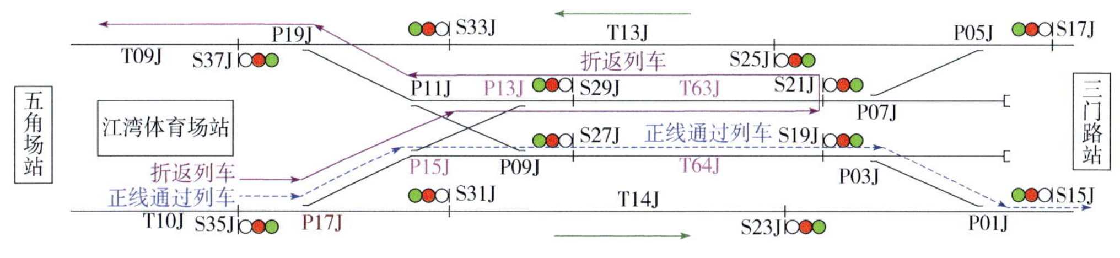

图 6-6 修改后的列车路径

通过仿真计算得到图 6-7 所示曲线，进而得出表 6-2 的结果。从图 6-7 中可以得知，大交路路径修改后，前车和后车通过和折返交替运行时，江湾体育场站的接车能力有所提升，能达到 98s，满足 100s 行车间隔运营要求。

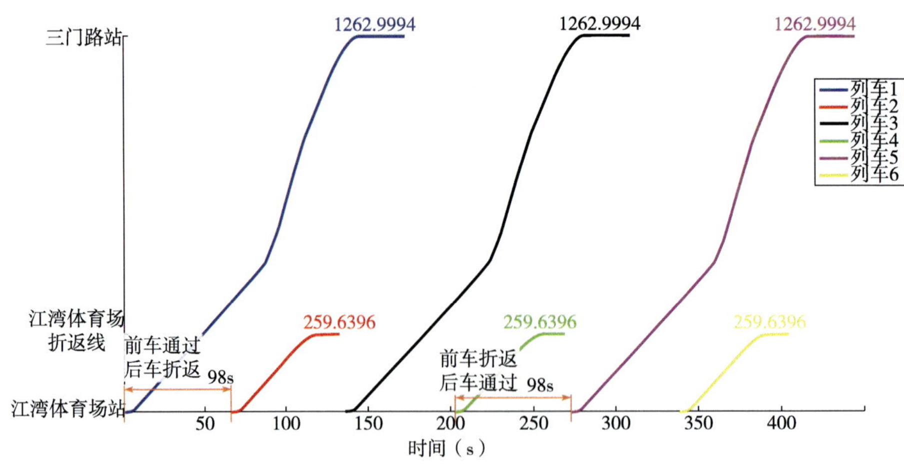

图 6-7　江湾体育场站利用站后折返轨—间隔曲线

大交路路径修改前后能力提升对比　表 6-2

前后车关系	大交路路径修改前接车能力（s）	大交路路径修改后接车能力（s）	能力提升对比（s）
前车折返，后车通过	139	98	41
前车通过，后车折返	126		28

大交路路径的修改，从根本上解决了 100s 间隔运营时江湾体育场站发车距离不足的问题。此时，江湾体育场站的接车与分叉能力均能满足 100s 间隔运营的要求。

6.2.4　修改路径后的新问题

（1）区间运行时间

大交路路径修改前，列车在正线通过时，经过的道岔均为直向开通位置，因此允许的通过速度较高。大交路路径修改后，列车在正线通过时，经过的是八字进路，需要经过 P17J、P03J 和 P01J 的侧向开通位置，道岔侧向限速为 35km/h，即使按照 9 号道岔侧向提速至 40km/h，列车在区间运行的时间还是远远大于正线通过所需时间。不同速度路径下，列车区间通过时间见表 6-3。

区间运行时间表　表 6-3

走 行 路 径	限速（km/h）	区间运行时间（s）	运行时间增加值（s）	旅速差值（km/h）
八字路径	35	150.6	54.9	−0.498
	40	140.7	45	−0.409
正线直线路径	85	95.7	—	—

（2）车站停站时间

大交路列车采用八字路径通过时，由于接车能力限制，当前行列车在江湾体育场站停车时间超过 27s 时，后续列车进站的速度曲线会受到影响，从而导致后续列车晚点到站，进而触发 ATS 的调整功能，最终会导致后续列车的停站时间被更改。例如，后续列车在江湾体育场站的正常停站时间是 40s，由于进站速度曲线发生变化，列车进站晚点，ATS 会将后续列车的停站时间调整为大于等于 23s。

因此，在修改大交路路径后，要求江湾体育场站的停站时间不能大于 27s，只有这样才能保证大小交路分叉能力满足 100s 间隔运营的需求，并且不会导致车站发出距离不足的问题。

（3）停车精度

江湾体育场站的 T64J 是折返轨，其长度受土建条件的限制，为使列车在 T64J 折返轨停准，需要设置 S19J 信号机的 overlap。此时 S19J 信号机的 overlap 需要将 P03J-P01J 设置在定位，利用 T66J 作防护，见图 6-8 中绿色线段标注的部分。这种设置下，S19J 信号机的 overlap 长度可以达到 29m，列车可以在 T64J 正常停准。

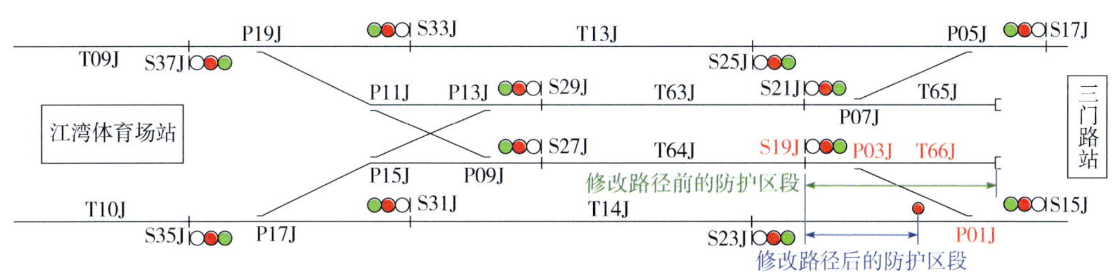

图 6-8 不同情况下 S19J 信号机的 overlap

当大交路采用经由 T64J 八字路径通过时，S19J 信号机的 overlap 设置发生改变，需要将 P03J-P01J 设置在反位，此时防护区段是 T64J 停车点至道岔 P01J 的警冲标，见图 6-8 中蓝色线段标注的部分。这段距离只有 26m，并且该区域存在下坡，所以根据实时参数计算出 S19J 信号机的 overlap 实际长度只有 14 ～ 15m。防护区段过短，会导致列车在 ATO 驾驶下停不准，此时需要多职能队员（列控）手动驾驶，使列车在 T64J 停准。

（4）对正线通过的影响

修改大交路路径前，江湾体育场站列车由正线通过。当折返列车利用 T64J 进行折返作业时，S19J 信号机的 overlap 要求 P03J-P01J 设置为定位，因此并不影响正线通过列车。

修改大交路路径后，如图 6-9 所示，如果折返列车利用 T64J 进行折返，需要按照 S19J 的 overlap 要求，将 P03J-P01J 设置为反位，而通过列车则需要经过道岔 P01J 的定位正线通过，此时正线通过列车需要在 S23J 前停车，等待 S19J 的 overlap 解锁后，将 P01J 转换为定位，S23J 信号开放后才能再次发车。

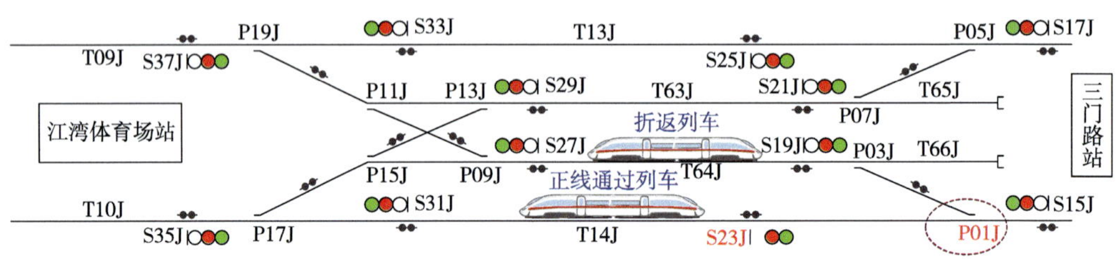

图 6-9　折返列车和正线通过列车路径

因此，修改大交路路径后，当需要折返轨 T64J 进行折返时，可能会影响正线列车通过。

以上部分问题可以通过修改系统软件解决，例如升级软件功能。当列车在 T64J 停准后，S19J 的 overlap 立即解锁，进而减少对正线通过列车的影响。但是，目前仍然无法完全解决江湾体育场站停站小于 27s 的限制问题。

6.3　车辆系统

6.3.1　功能应用

（1）项目组利用车地无线传输，将原本相对孤立的列车连接起来，使用友好的界面在终端上展示列车状态等运营信息，并集成列车状态监控、实时信号跟踪、故障报警查询及推送、历史数据查询、突发事件推送等常用功能。

常规运营模式下，列车在正线实际投入运营期间，车辆检修人员需在每天固定时间，通过询问多职能队员（列控）、检查驾驶室各类仪器仪表以确认列车的实时状态。而在上海轨道交通 10 号线全自动运行系统中，通过在线监测系统，车辆检修人员可以实时掌握所有在运营列车的实际状态。当某列车发生特定故障时，根据在线监测系统反映的列车状态，检修人员可以及时介入，与多职能列控人员、调度互动配合，确保故障不影响正线运营。

（2）利用设置在列车出入库线的轨旁车辆智能综合检测系统，对列车走行部进行检查。该系统配备 360° 车体外观检测、轮对尺寸检测、受电弓 / 受流器检测、车底设备红外检测等功能。

当列车不停车通过该区域时，利用线阵扫描、图像识别、光学测量法、红外扫描等先进技术，对车体外观、车轮尺寸状态、受电弓重要参数、车底关键设备温度等重要项点进行自动检测，并自动识别出列车相关异常情况。常规运行模式下，列车每天回库后，车辆检修人员需要对列车走行部进行检查，检查条件恶劣，耗费大量人力，检出率也难以保证。而在全自动运行模式下，通过轨旁车辆智能综合检测系统，检修人员可利用计算机终端对列车外观状态进行确认，大大提高检修效率，减少检修所需作业窗口时间，增加可用列车数，确保达到 100s 间隔运营所需用车数要求。轨旁车辆智能综合检测系统如图 6-10 所示。

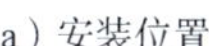

a）安装位置

b）检测器

图 6-10　轨旁车辆智能综合检测系统

（3）在无人值守全自动运行模式下及车辆基地列车无人值乘出入库过程中，当列车在区间非正常停车时，因上海轨道交通 10 号线一期区间内无乘客紧急疏散平台，后方列车或车站上的多职能列控人员使用原列车脚蹬登车，会出现人体重心偏移、登车困难而无法及时登车进行处置故障的问题，便携式登车梯（图 6-11）可有效解决了这一问题，尽可能地降低了列车故障发生对 100s 间隔运营的影响。

a）

b）

图 6-11　便携式登车梯

6.3.2　系统优化

上海轨道交通 10 号线二期线路是 10 号线一期的延伸线，其中，10 号线一期已经运行了 10 年。10 号线二期的牵引系统（包括牵引变频器和牵引电机）与 10 号线一期完全相同。在二期线路空载试运行过程中，项目组发现了列车牵引电机过温问题。在 10045 号列车运营期间，动车牵引电机检测到过温和变频器过流现象。经过检查发现，3 轴牵引电机的法兰脱离原来的位置，该轴的车轮踏面损坏。

为了调查牵引电机过热的根本原因，车辆专业对牵引电机本身和影响牵引电机升温的外部因素进行了调查，详细分析了牵引电机零件的材料和制造工艺，通过相关验证，基本排除了牵引电机本身的原因。另一方面，车辆专业采集了车辆运行时牵引电机的转矩、牵引 / 制动 / 惰行指令、列车速度等影响牵引电机温升的信息。通过对这些信息的进一步分析，车辆专业发现试跑阶段信号控制车辆的方式比设计中考虑的情境更为复杂，ATC 经常给出小级位的牵引、制动命令和力的需求。在这种情况下，牵引电机持续工作，牵引电机的实际温度将高于系统设计的预期温度，基于列车实际运行条件的牵引电机热仿真也证实了这一点。进一步分析列车运行曲线图，车辆专业发现二期线路开通后，列车的平均运行速度高于开通前的平均运行速度，这进一步提高了电机的温度。从 2020 年 8 月 1 日开始，车辆开始进入线路运行的二期，这也对应了发现电机超温的时间点。

通过上述分析，车辆专业确定了牵引电机过温的根本原因，是控制列车运行的方式使得牵引电机持续工作而导致牵引电机温升增大。同时由于二期线路的开通，平均旅行速度增加，进一步提高了牵引电机的温度，这两个因素结合后，导致牵引电机过温。由于列车运行模式无法在短时间内优化，车辆专业优化了牵引电机控制策略，通过减少牵引电机损耗来减少电机温升。为了减少牵引电机中的谐波损失，在模式中增加了一个新的调制策略。对调整后的软件仿真验证，发现牵引电机最高损耗由 12kW 降低到 5kW（降幅超过 100%）。经过实车验证，将新软件加载到半列车上，经过 1 个月跟踪，牵引电机温度较之前降低了约 20℃，牵引电机过温问题得以解决，确保了后续列车在大运量、高密度全自动运行过程中的车况稳定。

6.4 供电系统

供电系统中的电力设备均有相应的使用电压范围，过大或过小都会使得设备无法正常使用。因此牵引网电压损失一直是验证牵引变电所设置是否合理的关键参数之一。特别是在城市轨道交通系统中，馈电臂的平均电压水平，通过影响列车的运行速度，从而直接影响区段的通过能力。因此规定直流 1500V 牵引供电系统允许电压波动范围为 1000 ～ 1800V。

在测试期间，供电专业对一个牵引供电区段（龙溪路站—宋园路站）进行了牵引直流负荷监测，监测环境如图 6-12 所示。

供电专业将匹配的电气接口连接至直流开关柜，采集牵引站内直流开关的电流和

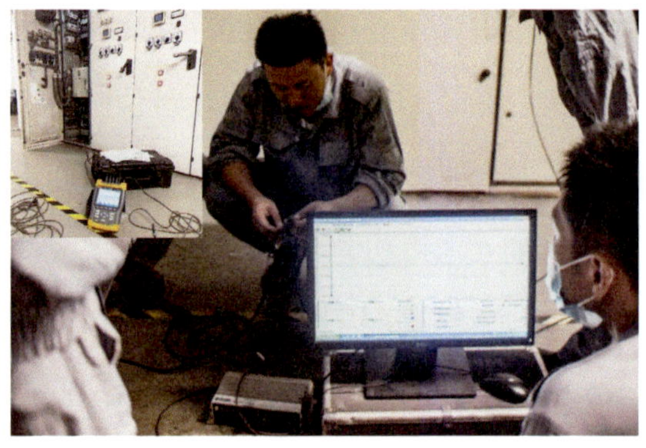

图 6-12　牵引直流负荷监测

电压数据。同时基于装载的相应软件，对电气接口的数据采集过程进行控制，并对采集的数据进行存储分析及输出。供电专业发现必须计算出下列各种供电方式下的牵引电压损失，才能确定牵引网电压水平是否满足电压波动规范：

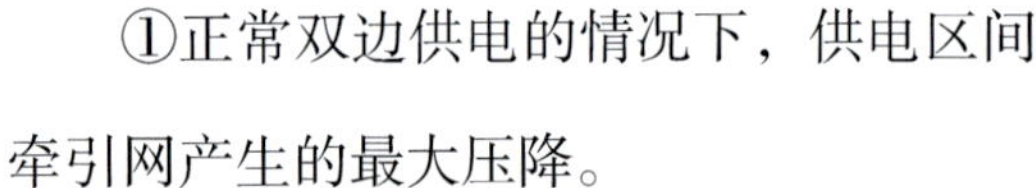

①正常双边供电的情况下，供电区间牵引网产生的最大压降。

②任一中间牵引变电所解列同相邻牵引变电所构成大双边供电的情况下，供电区间牵引网产生的最大压降。

③端头牵引变电所解列、次端头牵引变电所单边供电的情况下，供电区间牵引网产生的最大压降。

除电压之外，电流作为供电系统保护整定的重要参数，100s 间隔运营期间的电流值变化也是关注的重点，即电流幅值变化可能会导致电路保护阈值的调整，甚至导致大量现有元件需要重新选型。因此，对龙溪路站—宋园路站这一牵引供电区段进行电流监测，其中最大变化区段的结果如图 6-13 所示。

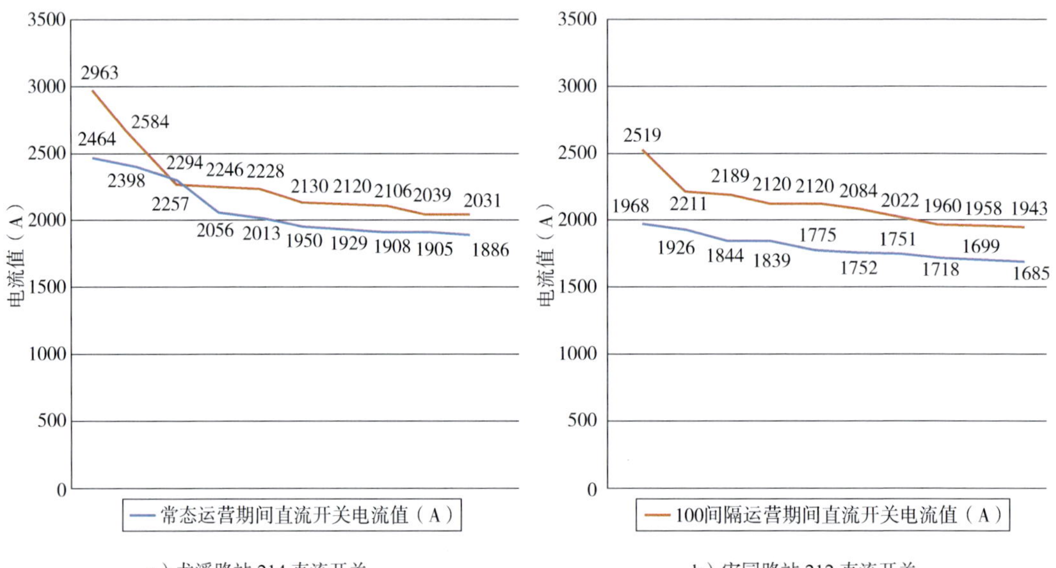

a）龙溪路站 214 直流开关　　b）宋园路站 212 直流开关

图 6-13　直流开关电流监测图

显然可以发现电流确实存在变化，幅值有小幅增加，但并未出现量级上的区别，也就意味着，原先系统中的继电保护、过电流保护等各项保护装置仍然可以有效地运行。与此同时，对此牵引供电区段的整个监测结果汇总，见表 6-4。

电流监测结果（单位：A）　　表 6-4

电 流 类 型		常态运营数据	100s 间隔运营数据
龙溪路站	214 直流开关最大电流	2464	2963
	35kV-1 号整流变开关最大电流	A：28.8 B：28.05 C：29.1	A：32.85 B：32.1 C：33.6
宋园路站	212 直流开关最大电流	1968	2519
	35kV-1 号整流变开关最大电流	A：25.05 B：25.65 C：25.5	A：29.25 B：29.4 C：29.55

由表 6-4 可知：龙溪路站 214 直流开关在平峰时段电流为 2464A，100s 间隔运营期间最大电流 2963A，比平峰时段大 499A，未达到继电保护 I_{max} 的跳闸值（5000A），不会产生误动作，系统能够正常运行。宋园路站 212 直流开关在平峰时段电流为 1968A，100s 间隔运营期间最大电流 2519A，比平峰时段大 551A，同样未达到继电保护 I_{max} 的跳闸值。

由上述实验测得结果可知：100s 间隔运营试跑结果满足《地铁设计规范》（GB 50157—2013）的供电标准，在完成运营新要求的前提下，电压波动仍然在允许范围内，系统可以正常运行。

6.5　站台门系统

当发生站台门关门延迟后，车站工作人员应采取人力辅助关闭（延迟反复发生门体）和等待站台门自行关闭（偶发延迟门体）两种处置方法。实践发现，100s 区段内总计 278 次站台门关门延迟中，自行关闭和人力辅助关闭的次数基本相等；非 100s 区段的关门延迟情况基本通过人力辅助来进行处置。根据研究结果，主要从机械和电气控制两个方面进行调整。

6.5.1　机械调整

根据检查和研究发现的问题，做出以下针对性机械措施：

（1）地槛间隙调整

地槛为站台门开关时，滑动门在地面上的轨道（图 6-14）。地槛间隙过大或过小均会导致摩擦力增加而关门失败。间隙过大，会导致门体晃动，电机无法在正常时间内关门，造成关门延迟；间隙过小，则导致门体被地槛卡死。

图 6-14　站台门地槛

以陕西南路站为例，在未调整前，1 ～ 30 号门的地槛间隙为 7 ～ 14mm。将地槛调整至 10 ～ 12mm，同时将左右地槛间隙最大差值由 5mm 降低至 2mm，有效减少了地槛间隙过大或过小导致关门延迟的可能性。调整情况见图 6-15。

地勘间隙记录表（陕西南路调整前）

门体编号	门体位置	距离（mm）	门体编号	门体位置	距离（mm）
1	左门	13	16	左门	11
	右门	9		右门	10
2	左门	12	17	左门	11
	右门	9		右门	12
3	左门	10	18	左门	9
	右门	10		右门	10
4	左门	9	19	左门	12
	右门	13		右门	7
5	左门	10	20	左门	12
	右门	12		右门	10
6	左门	10	21	左门	10
	右门	12		右门	13
7	左门	11	22	左门	14
	右门	12		右门	9
8	左门	10	23	左门	10
	右门	12		右门	10
9	左门	10	24	左门	10
	右门	13		右门	13
10	左门	11	25	左门	11
	右门	11		右门	12
11	左门	12	26	左门	10
	右门	10		右门	14
12	左门	12	27	左门	11
	右门	10		右门	13
13	左门	11	28	左门	10
	右门	10		右门	13
14	左门	12	29	左门	12
	右门	11		右门	10
15	左门	12	30	左门	10
	右门	10		右门	13

调整前左右两门地槛间隙最大差值为 5mm

调整后左右两门地槛间隙最大差值为 2mm

地勘间隙记录表（陕西南路调整后）

门体编号	门体位置	距离（mm）	门体编号	门体位置	距离（mm）
1	左门	11	16	左门	11
	右门	10		右门	10
2	左门	12	17	左门	12
	右门	11		右门	10
3	左门	11	18	左门	12
	右门	10		右门	11
4	左门	11	19	左门	11
	右门	12		右门	11
5	左门	12	20	左门	10
	右门	11		右门	11
6	左门	10	21	左门	12
	右门	11		右门	10
7	左门	12	22	左门	12
	右门	11		右门	11
8	左门	10	23	左门	10
	右门	10		右门	10
9	左门	12	24	左门	11
	右门	12		右门	12
10	左门	11	25	左门	12
	右门	10		右门	11
11	左门	12	26	左门	10
	右门	11		右门	12
12	左门	11	27	左门	11
	右门	11		右门	10
13	左门	11	28	左门	12
	右门	11		右门	10
14	左门	12	29	左门	11
	右门	11		右门	12
15	左门	12	30	左门	10
	右门	10		右门	12

图 6-15　陕西南路站站台门地槛调整情况

（2）门侧间隙

门侧间隙为滑动门与固定门的间隙（图 6-16）。门侧间隙过大会导致滑动门向轨道侧倾斜。根据滑动门受力模型可知，倾斜增大会导致滑动门导轮处的所受的摩擦力增大，从而产生关门延迟现象。

图 6-16　门侧间隙

以陕西南路站为例，在未调整前，1 ～ 30 号门的门侧间隙平均值为 7.4mm，最大值为 12mm。同时，滑动门上部间隙与下部间隙最大差值为 9mm。根据门体调整方案，调整后的门侧间隙平均值为 5.7mm，最大差值降低至 4mm。调整情况如图 6-17 所示。

门侧间隙记录表（陕西南路调整前）

门体编号	门体位置	上	中	下	门体编号	门体位置	上	中	下
1	左门	9.0	6.0	5.0	16	左门	9.0	7.0	6.0
	右门	8.0	7.0	7.0		右门	7.0	9.0	9.0
2	左门	5.0	5.0	6.0	17	左门	7.0	7.0	9.0
	右门	8.0	9.0	10.0		右门	7.0	8.0	8.0
3	左门	8.0	7.0	6.0	18	左门	6.0	6.0	5.0
	右门	5.0	6.0	6.0		右门	9.0	9.0	9.0
4	左门	5.0	5.0	6.0	19	左门	9.0	9.0	8.0
	右门	10.0	9.0	10.0		右门	8.0	9.0	10.0
5	左门	5.0	5.0	6.0	20	左门	8.0	8.0	8.0
	右门	10.0	9.0	10.0		右门	7.0	8.0	8.0
6	左门	5.0	5.0	6.0	21	左门	9.0	9.0	7.0
	右门	9.0	8.0	9.0		右门	9.0	9.0	9.0
7	左门	5.0	4.0	5.0	22	左门	10.0	9.0	10.0
	右门	12.0	11.0	11.0		右门	7.0	7.0	6.0
8	左门	9.0	8.0	8.0	23	左门	9.0	8.0	6.0
	右门	7.0	8.0	9.0		右门	10.0	8.0	8.0
9	左门	5.0	6.0	7.0	24	左门	7.0	6.0	6.0
	右门	12.0	10.0	10.0		右门	9.0	10.0	10.0
10	左门	7.0	7.0	8.0	25	左门	7.0	7.0	8.0
	右门	3.0	4.0	6.0		右门	11.0	10.0	10.0
11	左门	3.0	3.0	4.0	26	左门	9.0	8.0	9.0
	右门	6.0	6.0	7.0		右门	8.0	8.0	9.0
12	左门	7.0	7.0	7.0	27	左门	5.0	5.0	5.0
	右门	10.0	9.0	10.0		右门	8.0	7.0	6.0
13	左门	4.0	4.0	5.0	28	左门	5.0	5.0	6.0
	右门	8.0	8.0	8.0		右门	7.0	8.0	10.0
14	左门	7.0	6.0	6.0	29	左门	4.0	4.0	5.0
	右门	6.0	7.0	8.0		右门	5.0	6.0	8.0
15	左门	7.0	7.0	8.0	30	左门	9.0	6.0	5.0
	右门	10.0	9.0	9.0		右门	8.0	7.0	7.0

调整前整侧门体间隙平均值为 7.4mm
最大差值为 9mm

调整后整侧门体间隙平均值为 5.7mm
最大差值为 4mm

门侧间隙记录表（陕西南路调整后）

门体编号	门体位置	上	中	下	门体编号	门体位置	上	中	下
1	左门	7	6.5	6.5	16	左门	5	6	6
	右门	8	6.5	6		右门	5	4.5	4.5
2	左门	8	8.5	9	17	左门	6	6	6
	右门	5.5	5.5	6		右门	6.5	6.5	7.5
3	左门	4.5	6	6	18	左门	6	6	6
	右门	7	6.5	6.2		右门	5	5	5
4	左门	8	8	8.5	19	左门	6	6	7
	右门	5	5.5	6		右门	6	5.5	5.5
5	左门	7	7	7.5	20	左门	5.5	6	7
	右门	4	4	5		右门	5	5	5
6	左门	6.5	6.5	7	21	左门	6	6	6.5
	右门	5	5.5	5		右门	6	6	6
7	左门	6.5	7	8	22	左门	6	5.5	6.5
	右门	4.5	4.5	4		右门	5	5	5.5
8	左门	7	7.5	8	23	左门	7	6.5	6
	右门	4.5	5	5.5		右门	5	4.5	4
9	左门	6	5.5	6	24	左门	6	6	6.5
	右门	5	5.5	6		右门	5.5	4	4
10	左门	6	6	6.5	25	左门	6	6	6.5
	右门	5	5.6	7		右门	5.5	5.5	7
11	左门	5	5	5	26	左门	6	7	7.5
	右门	4	4.5	4.5		右门	5	5	6
12	左门	6	6.5	6.5	27	左门	5	4.5	4.5
	右门	6	6.5	7		右门	4.5	4.5	6
13	左门	5.5	5.5	5	28	左门	6.5	8	8.5
	右门	5	4.5	5.5		右门	5	4.5	5
14	左门	5.5	6	6.5	29	左门	4.5	6	6.5
	右门	5	4.5	5.5		右门	4.5	4.5	4.9
15	左门	5	5.5	5	30	左门	4	4	4
	右门	5	6	7		右门	4	4	4

图 6-17　陕西南路站站台门门侧间隙调整情况（单位：mm）

（3）立柱垂直度调整

立柱（图 6-18）垂直度为门体立柱与地面的角度。

图 6-18　站台门立柱

以陕西南路站为例，项目组采用线锤进行垂直度测量，线锤安装在门楣与立柱距离 51mm 处，自然垂下后，线锤与下方立柱的距离就是立柱偏移度。未调整前，1 ～ 30 号门的立柱垂直度最大偏移为 4mm，调整后垂直度偏移缩小到 2mm。调整情况如图 6-19 所示。

门侧间隙记录表（陕西南路调整前）

门体编号	门体位置	上	下	门体编号	门体位置	上	下
1	左门	51	51	16	左门	51	50
	右门	51	52		右门	51	52
2	左门	51	50	17	左门	51	50
	右门	51	52		右门	51	52
3	左门	51	53	18	左门	51	51
	右门	51	52		右门	51	52
4	左门	51	53	19	左门	51	52
	右门	51	52		右门	51	52
5	左门	51	53	20	左门	51	53
	右门	51	50		右门	51	50
6	左门	51	53	21	左门	51	53
	右门	51	53		右门	51	50
7	左门	51	52	22	左门	51	53
	右门	51	53		右门	51	53
8	左门	51	53	23	左门	51	53
	右门	51	52		右门	51	52
9	左门	51	52	24	左门	51	50
	右门	51	52		右门	51	50
10	左门	51	53	25	左门	51	50
	右门	51	53		右门	51	49
11	左门	51	51	26	左门	51	50
	右门	51	53		右门	51	51
12	左门	51	52	27	左门	51	50
	右门	51	53		右门	51	51
13	左门	51	53	28	左门	51	52
	右门	51	52		右门	51	52
14	左门	51	53	29	左门	51	51
	右门	51	53		右门	51	52
15	左门	51	50	30	左门	51	50
	右门	51	53		右门	51	50

调整前整侧门体立柱为 49 ～ 53mm

调整后整侧门体立柱为 50 ～ 52mm

门侧间隙记录表（陕西南路调整后）

门体编号	门体位置	上	下	门体编号	门体位置	上	下
1	左门	51	51	16	左门	51	51
	右门	51	50		右门	51	50
2	左门	51	52	17	左门	51	51
	右门	51	52		右门	51	51
3	左门	51	52	18	左门	51	52
	右门	51	52		右门	51	52
4	左门	51	52	19	左门	51	52
	右门	51	51		右门	51	51
5	左门	51	52	20	左门	51	52
	右门	51	51		右门	51	51
6	左门	51	51	21	左门	51	51
	右门	51	51		右门	51	50
7	左门	51	52	22	左门	51	51
	右门	51	51		右门	51	51
8	左门	51	51	23	左门	51	51
	右门	51	51		右门	51	50
9	左门	51	51	24	左门	51	50
	右门	51	50		右门	51	52
10	左门	51	51	25	左门	51	51
	右门	51	51		右门	51	51
11	左门	51	52	26	左门	51	52
	右门	51	51		右门	51	51
12	左门	51	51	27	左门	51	50
	右门	51	50		右门	51	50
13	左门	51	52	28	左门	51	52
	右门	51	52		右门	51	52
14	左门	51	51	29	左门	51	51
	右门	51	51		右门	51	51
15	左门	51	52	30	左门	51	51
	右门	51	52		右门	51	50

图 6-19　陕西南路站站台门立柱垂直度调整情况（单位：mm）

（4）导轮偏斜

每个站台门单元有 4 个导轮，在长期的使用中，滚轮产生了不同程度的磨损，为了减小所有门体滚轮的磨损度偏差，在 100s 小间隔试跑前，将所有滚轮全部进行更换。针对 21 座车站上行线路的 630 樘站台门，合计更换滚轮 2520 个。

为了验证站台门调试后的设备运行情况，在前期 2 次试跑的基础上，项目组随后又组织了 6 次夜间小间隔试跑测试。后 6 次小间隔试跑中，有 21 个车站全程参与，其他 16 个车站部分参与试跑，试跑中部分车站站台门延迟情况见表 6-5。

部分车站站台门延迟情况　　表 6-5

序号	车　站	第三次	第四次	第五次	第六次	第七次	第八次
1	江湾体育场站	27	4		15，27	28	24
2	五角场站	29	17，19		20，25		17
3	海伦路站	1，2，6					
4	天潼路站					11，17	
5	南京东路站	24	17，26		15，16，17，18，28	15，16，17，23，24，28	16，17
6	豫园站	11，18	18		20	1，12，18，20	
7	老西门站	1，2，3，4，5，6，7，9，11	1，2，3，4，7，9		2，10	1，2，6，10	1，4，6
8	一大会址·新天地站						
9	陕西南路站	8，9，21	14		15，16，18，21，21，23，24，28，29		16，18，24
10	上海图书馆站	2，12，25，26		27	2，4，5，22		
11	交通大学站		10，18，22，24，25，26		延迟偏多	15	14
12	水城路站		16，21				

注：表中数据为门号。

由表6-5可见，采取针对性的整改措施以后，各车站站台门关门延迟情况有效减少。

6.5.2 电气控制调整

经过机械调整后，虽然各车站门体延迟情况有所减少，但仍然存在关门延迟的现象。比较典型的如南京东路 14 号门，在 100s 小间隔测试中，第 4 列车关门受阻，需人为推门进行关闭。实践发现，此列车及后几列车开关站台门时，电流曲线中均出现异常情况，以下用第 4、第 5 列车的电流数据进行分析，测量结果分别见图 6-20

与图 6-21。

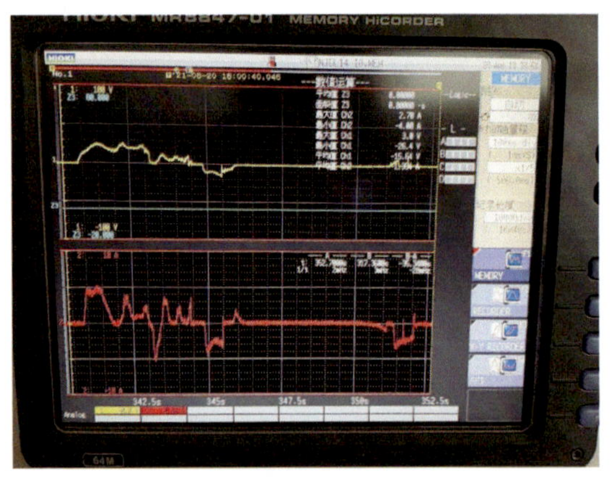

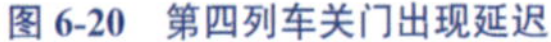
图 6-20　第四列车关门出现延迟

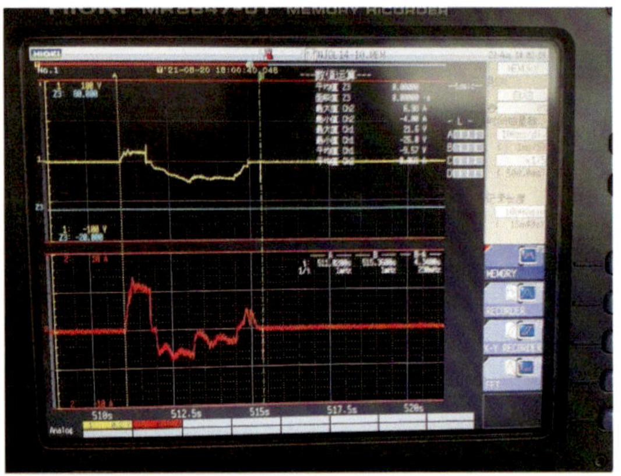

图 6-21　第五列车关门过程出现一个推力（落锁）

由于滑动门电机运行电流与关门速度密切相关，当出现电流异常波动时，可结合速度曲线判断出该门需调节的位置。实践发现，根据电压、电流情况进行针对性调整后，自 2021 年 7 月 27 日起，南京东路站后 5 次试跑合计发生滑动门关门延迟仅 6 次。

除了进一步做好站台门系统调整工作外，项目组将针对曲线站台特点、地槛与门机梁匹配情况做出逐门调整方案，使站台门系统更加稳定可靠，同时还需采用调整 DCU 参数的方法，来彻底解决风压带来的关门延时问题。

经过对风压的测算，速度曲线按图 6-22 进行调整。通过修改芯片内部程序对 DCU 内部设定好的速度曲线按图进行调整，DCU 同步会对输出的电流电压进行调整，进而控制电机对门体进行驱动。经过调整并进行测试后，站台门系统在 100s 间隔运营下已基本不再发生关门延迟的情况。

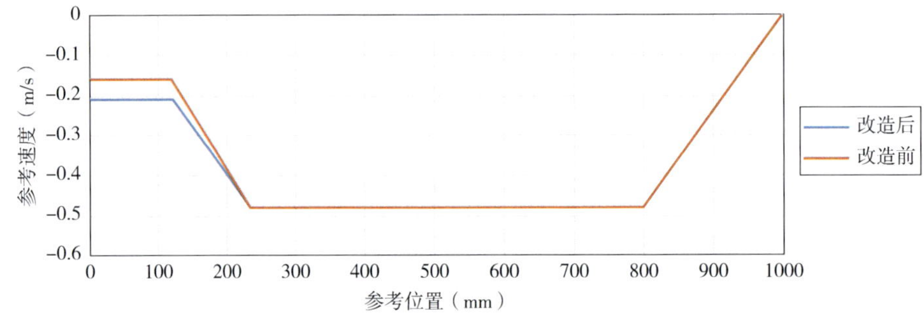

图 6-22　改造前后关门曲线比较

6.5.3 经验总结

基于上海轨道交通 10 号线站台门设计文件和现场实际试跑情况，认定站台门系统可以满足小间隔运营的开关门要求。在目前的试跑情况观测与模拟分析中，得出以下几个初步结论：

①隧道风压对站台门开闭有影响，对关门的影响大于开门。

②风压对站台门的影响特征和总体效果与列车行车间隔（密度）稳定性、站台形式、车门位置等因素有关，风压极值并未超过设计极限。

③调整门体相关部件对减小关门阻力有显著贡献，特别是先前的调整方案，对直线站台是完全有效的；对曲线站台来说还需要根据站台曲率、地槛与门机梁匹配情况做出针对性方案。

④根据设计要求，门体与立柱间隙为 6mm。根据调整方案，间隙可能在 7 ～ 8.5mm 之间。因此，建议站台巡视人员注意提醒乘客（特别是小朋友），以免发生门柱间隙夹伤手指等危险。

⑤滑动门配备的电动机功率充足，DCU 系统设计也基本能满足当前运行工况。

⑥滑动门电机的运行电流与门体滑移速度一直对应，因此分析驱动电机的电流、电压数据有助于理解、掌握和控制门体的开关门状况。

HIGH-DENSITY OPERATION WITH LARGE TRAFFIC VOLUME
ON FULLY AUTOMATIC LINES

第四部分

EXPLORATION AND PRACTICE OF

HIGH-DENSITY OPERATION WITH LARGE TRAFFIC VOLUME

ON FULLY AUTOMATIC LINES

第 7 章

系统升级探索

通过对上海轨道交通 10 号线 100s 间隔运营理论分析和实践探索，对信号、车辆、站台门等关键系统设备执行情况和运营安全管控两个层面进行分析和核实，进一步校正理论分析内容的可实施性。随着物联网、云计算、大数据、深度学习技术的发展，“车车通信”列车控制系统应用，可以实现更小的追踪间隔，最终实现 90s 的运营间隔。

7.1 信号系统

7.1.1 全自动运行 2.0 系统探索

视频 4：车车通信

未来将形成以全自动运行为主的行车智能调度机制，即可根据客流高峰与低谷的预测，结合车辆运输、运载能力，及时、动态地调整运能；推进客运部门和行车部门的联动，实现运营组织的高效协作；推广轨道交通全自动运行模式，研究全自动运行模式下的各类业务场景的高效联动，保障运营安全。站内站外可进行全息客流监测，轨道交通站点的不同的区域，包括站外、站厅、换乘通道等，将根据不同区域客流指标，选择不同的客流检测技术，以精准获取乘客选择轨道交通出行的运输需求，对未来 10min 的客运量进行预判，为轨道交通高效安全运行提供重要保障。而网络集中指挥与统筹协调模式亦会更加智能化。利用大数据技术，研究区域交通、峰谷期、突发事件等客流波动规律，智能编制与之相匹配的运行图和智能化网络集中指挥方案，智能分析突发事件类型和等级，统筹协调应急预案和触发处理机制，提高运输指挥和应急反应能力，提升城市轨道交通安全、畅行的智能化水平。

随着物联网、云计算、大数据、深度学习技术的发展，人工智能相关技术可应用于城市轨道交通的障碍物识别、智能驾驶等多个场景中。未来可利用计算机视觉技术与雷达技术来开发障碍物检测系统，当系统的可靠性满足安全要求时，可作为信号系统的安全输入，当系统识别到障碍物时，信号系统控制列车自动制动。可采用定位、雷达、图像识别等技术，采集各种场景下的列车运行环境数据，与线路数据及各类运行场景的经验知识相结合，形成自主决策，根据识别出的场景，自动将控制指令下发给各子系统，完成对列车的自动控制，实现更加智能化的列车自动驾驶。在列车运行设备健康管理方面，基于人工智能和 5G 技术的支持，可以实现分级预警、快速重投、远程控制等关键技术的突破，提高列车在异常事件发生时的自我愈合能力。同时，结合设备在线故障预测、监测以及诊断技术，可以实现设备全生命周期管理，提升安全运营的能力。

7.1.2 “车车通信”列车控制系统探索

“车车通信”列车控制系统取消了联锁以及计轴 / 轨道电路设备，列车的移动授权不再依赖于进路，但联锁理念则被分配至 ATC 系统功能与资源管理中进行继承，从而实现车车之间直接通信交互定位等信息，列车可自主计算移动授权与 ATP、ATO 运行曲线，实现自主控制。结构简化后，相关信息不再需要从轨旁 ZC 交互，从前车位置更新至后车收到新的移动授权的时间相比较，“车车通信”列车控制系统相较 CBTC 系统减少 2s 以上。

CBTC 系统的移动授权依赖于进路，进路将整个线路划分成不同的区段。然而这种区段的划分存在颗粒度较大的问题，尤其是在道岔区域。目前的做法均是将整个道岔区域划分成一个区段，导致道岔区域的区段只要被占用，只有当列车出清整个道岔区域的区段之后，系统才能再次根据进路操动道岔至相关的位置，信号开放后，后车才能获得移动授权。“车车通信”列车控制系统不依赖于进路，将线路资源进行了细化，将道岔区域进一步细化成了可动区域与侧冲区域，只要列车出清可动区域系统就可以操动道岔至列车申请的位置，待列车出清侧冲区域后，系统便可将岔区的资源分配给后车，后车移动授权便可穿过岔区。

多核高性能处理器，可将运算速度提升 20 倍。对于不同任务采取不同的处理周期等优化处理措施，使得“车车通信”列车控制系统相比较 CBTC 系统 EB 的响应时间缩短 1/3 以上。

通过以上三种主要的措施，最终实现了“车车通信”列车控制系统更小追踪间隔的目标，除去停站时间外正线追踪间隔可以达到 50s（如果停站时间 35s，那么可实现正线追踪间隔 85s），折返间隔达到 86s（6A 编组，9 号道岔，站后折返），最终实现 90s 的运营间隔，“车车通信”列车控制系统见图 7-1。

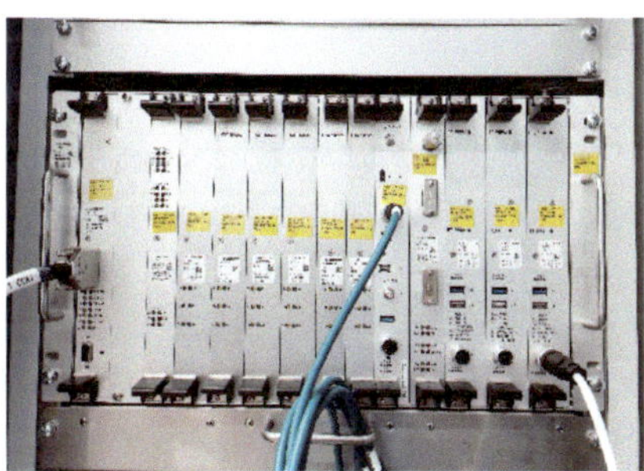

图 7-1 “车车通信”列车控制系统

7.2 车辆专业

7.2.1 毫米波雷达技术探索

未来探索车载毫米波雷达技术，该技术可以提高测量精度，加快数据处理速度、决策反应速度、搜索目标密度，并及时修正列车运行姿态。对于侵线、隧道变形等突发情况做到及时预警，列车通过接受的雷达信号不断进行运行状态的自我修正和调整，提高行车安全性。

7.2.2 开放式多网融合的列车网络及列车装备的探索

未来需跟踪了解车辆最新技术的发展与应用情况，联合主机厂研究实现列车灵活编组，进而实现运能运量的精准匹配。积极引导厂商对信号、牵引、制动等列车控制网络深度融合进行研究，并逐步推广应用，积极跟踪开放式多网融合的列车网络及列车装备的应用。积极跟踪牵引、制动及车载网络等主要产品技术发展，智能列车技术发展路线见图 7-2。

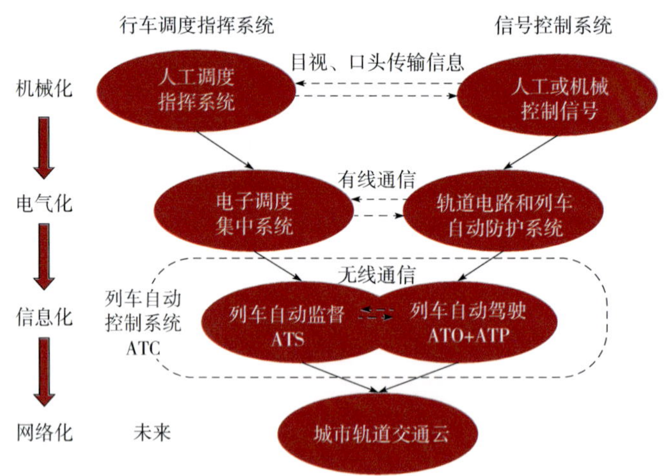

图 7-2 智能列车技术发展路线图

7.2.3 10 号线车辆专业巡检及物流信息化探索

利用车辆维护管理信息系统规范了车辆回库后的检修内容及工艺流程，并完成了车辆运维数据采集的最后一环，即人工检查环节电子化。该系统由车辆维护点巡检系统、鹰眼系统、工具管理系统、物料管理系统及车辆信息管理系统（IFS）组成。常规运营模式线路中，传统的运维检修作业和生产资料管理自动化程度低，关键工序几乎全部由人工操作；检修与运营脱节，无法实时获取列车运行信息；检修人员作业不规范，导致检修作业和测量数据的质量较差。而上海轨道交通 10 号线全自动运行系统使用了工业互联网、大数据、人工智能等新技术，实现关键工序自动化，物料管理精细化，列车运行可视化，检修作业可追溯。

7.3 供电系统

7.3.1 设备选型探索

轨道交通供电系统不仅是向车辆及辅助系统（如通信、信号、动力照明、环境控制等）提供电能、维持线路的正常运转、保证轨道交通安全运行的基础设备系统，也是建设工程中投资额较大的系统之一。在设计之初，供电系统以满足远期高峰小时负荷的容量来设计，并满足供电可靠性、冗余度和安全性要求。供电设备的性能优劣直接影响着供电系统的可靠性和运行的方便性，而供电设备的价格又影响着工程的投资，所以供电设备的选择应从技术、价格、运营成本综合考虑确定，并不是一味地增加冗余、扩大容量。

7.3.2 供电智能运维系统探索

其次，庞大的设备体系和海量的设备数量对供电专业在人员、设备、管理三个方面提出了新的机遇和挑战，现有的供电监控系统——电力数据采集与监视控制系统（Supervisory Control And Data Acquisition，SCADA）的遥控、遥信、遥测、遥调功能仅仅对主设备进行监控，未对除主设备外的辅助设备，如应急电源、环境信息、主设备的深度监控等设备实施监控。全自动运行线路更是对供电专业在无人值守、设备实时智能感知、设备全生命管理、运维一体化管理模式等方面的一种考验。

供电系统作为承担城市轨道交通线路运营的血液，是城市轨道交通网络运营管理的基础，是城市轨道交通运营管理的重要组成部分。上海申通地铁集团在构建总体线网级智能运维系统的部署和要求下，上海轨道交通供电智能运维应运而生，通过供电的智能运维对采集到的静态数据、动态数据、交互产生的运维业务数据结合实际业务情况进行预警及提示，将设备数据、监测数据、维修维护数据等各方面数据进行聚类分析处理，提供对业务的数据支撑。通过自学习手段，不断与业务共同发展与进步，供电智能运维系统能很好地配合全自动运行线路的需求，可以从四方面着手建设：设备状态实时感知系统、设备全生命管理系统、生产业务流程管控系统、专家分析系统。

7.4 站台门系统

在半小时常态运营的基础上，将对以下内容持续不断地做出系统优化探索：

（1）在前一阶段风压影响测试的基础上，继续对跑车工况下不同特征站台（内曲、外曲、直线）、不同工况（正常工况、切换站点工况、火灾工况）、相互衔接门（至少 3 组滑动门）、滑动门左侧门的风压影响规律进行测试。力求在获得风压值的前提下，完善第一阶段所描绘的风场模拟图、受力分析图，以便进一步完善相应的理论模型和计算分析。

（2）对于直线站台和大多数的曲线站台，按照既定方案进行门体调整；对于曲率变化较大，或者地槛、门机梁匹配不佳的站台门，根据现场实际情况逐门逐方案进行调整；在调整门体的同时，维护部门应注意清理全部门体滚轮、滑槽的污物，排除锁紧装置卡阻的现象。

（3）在门体结构调整完成后，需进一步采集调整后（阻力变小情况下）的门机电流数据，并分析电流各阶段中启动电流、反向电流、平均电压、平均电流、平均功率、关门最后阶段电机功率等测试结果的影响。同时，利用样机开展进一步测试，通过调整门体结构尺寸，测试不同结构状态对电流的影响。

（4）结合现场完成的各种测试、调整情况，设计调查问卷进一步梳理站台门故障现象与问题处理手段，编制事故树，形成维护、维保指导方案，最终实现可复制、可推广的标准，为小间隔运营的站台门调整积累经验；

（5）充分利用试验样机进行各种测试，积累数据并形成大数据库，为设计、部件采购、可靠性试验等提供依据。

EXPLORATION AND PRACTICE OF
HIGH-DENSITY OPERATION WITH LARGE TRAFFIC VOLUME
ON FULLY AUTOMATIC LINES

第 8 章

运营组织探索

在各种运营资源条件限制下，上海轨道交通 10 号线在实际运营中首次实现了高峰时段 100s 小间隔运营，运能提升 111.1%，乘客等候时间缩短 55.6%，满载率下降至 22.09%，为后续全路网缩短高峰时段发车间隔奠定了坚实的基础。

8.1　资源限制下，运营组织探索路线

全线按 100s 间隔的设计运营方案需要 91 列车，按最短折返径路至少也需要 80 列车，而目前仅有 67 列车，面对庞大的列车配属数缺口，项目组充分挖掘运营潜力，加速故障列车修复效率，确保列车利用率最大化；调整运营组织，优化列车运行图，确保运营方案最合理；增开备车，调整维修作业时间，确保运力全投用。

上海轨道交通 10 号线采用平峰正线用车 36 列 + 备车 3 列，晚高峰吴中停车场出库 17 列，正线 3 列备车投入上行运行，最大上线列车 59 列的方案，实现早晚高峰上行单边半小时 100s 间隔常态运营。

8.2　设备限制下，技术攻关路线

作为临时终点站的江湾体育场站由于设计原因导致分叉折返能力不足，而且与邻站的站间距较短，双重不利因素叠加，导致该站无法满足极限小间隔运营要求。因

此，项目组从技术瓶颈入手，分析区间长度及运行时间，对比运行等级参数，对调整能力进行仿真计算；对道岔反位限速值进行优化调整，将全自动运行信号安全等级高、运行效率高、集成性能高等技术优势发挥到极致，有效弥补先天不足，最终将折返能力提升近 20%。

行车间隔的缩短带来的问题是区间活塞风压力成几何倍数增大，站台门关键部件在巨大的活塞风作用下变形、受阻、老化，导致延时、卡滞、防夹回弹等故障频发。项目组采用“模拟”施加载荷的方法，对站台门抗风压能力进行上百次验证，最终确定了站台门机械尺寸调整最佳值。

8.3　大运量小间隔运行，应急处置探索

要实现 100s 行车间隔运营，对专业联动性、列车准点率、设施设备可靠性、车站应急处置等综合管理能力要求极高。

基于三个阶段的 100s 间隔运营试跑实践中采集的运营数据，项目组清晰地认识了全自动运行模式下“小间隔运营”的风险特征。在“运维一体”的线路管理模式下，技术管理、安全管理专业充分探索并提出了“小间隔运营”阶段故障分布规律、可靠性影响因素。虽然全自动运营线路较人工驾驶线路在设备监护、设备运维、行车组织、客运管理和运行环境等问题的安全性保障方面存在一定优势，但是其潜在危险因素仍然不容忽视。全自动运行模式下“小间隔运营”阶段可能存在的危险源主要集中在人、机、环、险、管五个主要方面。

（1）减少人因风险突发故障

从数据上看，上海轨道交通 10 号线全自动运行模式的可靠度高于上海轨道交通路网其他线路，但人因风险导致的事故隐患仍然存在。据对影响列车运行可靠度因素分析可知，列车车门、站台门故障是导致列车产生延误频率最高的两大因素。而其中部分乘客的不文明乘车习惯是除去设备自身故障因素外，引起车门、站台门设备故障、甚至是人身伤害风险的因素之一。

“小间隔运营”提升了行车效率和整体运能，但也意味着列车车门会更快关闭，列车停站时间也会进一步缩短。乘客的不文明乘车行为会导致在车门进口处产生人流

交叉冲突，一方面使得乘降作业时间增加，另一方面提高了登乘隐患，影响列车车门有序、安全关闭。乘客“先下后上，秩序井然”反而能进一步提升其自身乘车体验。

在进一步加强对车站换乘客流、断面客流及列车延误情况下可能激增的客流进行综合研判的基础上，100s 间隔运营试跑期间，各大客流车站加大了“安全乘车文明先行”的宣传力度。并在换乘通道、楼梯口等乘客容易聚集的场所增派人员进行疏导。同时，在这些场所安放带有“文明乘车”宣传内容的扩音喇叭。另外，在一些楼梯原有提示音里增加有针对性的安全提示内容。对提升乘客自身文明行为和安全意识有着显著的促进作用。这也是运营效率提升的重要因素。

（2）减少设备系统突发故障

设备因素既是影响安全的因素，又是保障安全的物质基础。车站设备作为地铁运行的载体，一旦发生故障可能会影响地铁正常运营，甚至可能危及乘客的生命和财产安全。近年来地铁为便捷化管理引进了高度复杂的自动化设备，在这些设备使用过程中，可能因为零件失效而造成灾难性的后果。随着运营间隔的缩短，隧道风压过大的问题对站台门打开和关闭产生很大的影响。在车站工作人员有限的情况下，针对站台门造成的突发情况的处置是重要的研究课题。

（3）管控调配减少环境险情

上海轨道交通 10 号线二期国帆路站—基隆路站区间是地面线路，环境因素的影响更为突出。对于外部大环境而言，有社会生活、文化、经济、政治、法规及治安等环境状况的影响，也有暴雨、地震、大风等自然灾害的侵袭等。对于内部小环境而言，车站设备设置位置不合理、运行环境受限、环境温度等问题对设备安全产生一定影响。

在运维一体的系统性作用优势下，从防抗工作准备开始到结束，各专业充分发挥业务特长，专业间应急物资调配，专业技术共享，有分工、有合作，并且通过与气象部门加强信息联动，根据雨、雪等预警等级采取限速、停运等相应的管控措施，提高环境险情的应对能力。

（4）现场处置保障应急险情

全自动运行线路尤其需要注重突发事件的现场应急处置工作。运营团队目前已经编制了《上海地铁第一运营有限公司 10 号线 100 秒行车运营间隔测试突发事件现场处置方案》，并修订了 4 个现有的现场处置方案，分别为《列车车门故障现场处置方案》《站台突发大客流现场处置方案》《车站火情火警现场处置方案》《车站失电现场处置方案》，新增了《站台门故障现场处置方案》和针对 UTO 运行模式下列车的《紧急驾驶台盖开启现场处置方案》，根据相应的应急处置预案以及现场实际情况进行处置。

（5）提升安全管理水平及运输服务质量

全自动运行模式安全高效的关键在于系统中不同岗位人员在具备较高的安全意识的基础上，高质量地完成本岗位的工作。100s 间隔运营试跑的探索过程中发现，提高工作人员的风险辨识能力、隐患排查能力、故障维修能力及应急处置能力至关重要。地铁安全设计、操作、维护、检查等措施，可以预防事故、降低风险，但达不到本质的安全。因此既需加强“事前”的城市轨道交通安全预防性措施和风险管控方案的制定，又需兼顾“事后”的紧急措施和应急处置预案的修订和完善。充分利用一切可能的力量，在日常加强风险辨识管控和隐患动态治理，在事中加强预报、探测和预警，在事故发生后迅速控制事故发展并尽快进行处置，保护乘客和员工的人身安全，将事故影响降到最低程度。同时，在减少人员干预交通运输过程以降低人为因素致使危险发生几率的基础之上，还要对一些城市轨道交通运输过程的危险因素进行快速辨识，及时排除不利因素，从而充分保障列车运行的安全性。

城市轨道交通自动运行最重要的就是安全性，充分保证全自动运行模式的安全性是城市轨道交通运输系统的首要任务。

随着城市轨道交通的不断发展，全自动运行技术可以缩短等候时间，提高列车运输效率，保证列车处于最佳安全状态。上海申通地铁集团目前在城市轨道交通全自动驾驶建设方面有了良好的开端，全自动驾驶也是我国未来城市交通运输系统的主要发展趋势，在未来仍然需要进行充分的探索和研究。只有完全实现全自动运行和保障全自动运行的安全性，才能减少定员、降低能耗、减少运营成本，从而提升城市轨道交通运营管理水平和运输服务质量，实现城市轨道交通系统的顺畅、高效运营。

8.4 解决通勤大客流，提升出行体验探索

优化行车间隔可以提高我国城市轨道交通服务的针对性与高效性，并改善运营的服务质量，此外还可以提高车辆的运营效率，有效地缓解城市交通的压力。同时，对行车间隔进行合理配置，不仅可以使相关轨道运营部门获得准确的车辆行驶信息，而且对解决城市交通的大客流问题也具有重要的作用和意义。

EXPLORATION AND PRACTICE OF

HIGH-DENSITY OPERATION WITH LARGE TRAFFIC VOLUME

ON FULLY AUTOMATIC LINES

结束语

2021 年 7～12 月，上海轨道交通 10 号线分别在平峰、晚高峰、早高峰三个时间段开展 100s 行车间隔正线载客运营，取得了成功。2022 年 4 月中国城市轨道交通协会发布了《城市轨道交通 2021 年度统计和分析报告》，文中写到：2021 年，全国城轨交通高峰小时最小发车间隔平均为 272s，比上年略有缩短。进入 120s 及以内的线路共有 18 条，其中，上海轨道交通 10 号线高峰小时最小发车间隔达到 100s，创造了新的纪录。

本书基于这一案例，详细回顾和整理了运营方案设计、理论仿真结果分析、全自动运行核心子系统设备调试及零部件改造、三个阶段运营实践及核心系统运营在线测试等方面的资料。通过大运量高密度运行的理论研究、上海轨道交通 10 号线实践验证以及实际运营数据积累，确定了核心系统技术要求和运营安全管理方案，为全国其他城市大运量高密度运营探索实践提供相关的借鉴。

上海轨道交通 10 号线 100s 行车间隔正线载客运营，在信号、车辆、供电、站台门、综合监控等核心系统领域取得的相关成果，包括区间长度及运行时间的分析、运行等级参数设定、仿真模型、道岔反位限速值设定等，还需要更多的实践来进行补充验证和方案完善。

在解决分叉汇合的瓶颈问题中，试运营采取的对策是调整小交路折返点到新江湾城站。五角场站至原折返站江湾体育场站的区间距离是629m，基于既有信号系统，当列车到达江湾体育场站后，道岔在转换或未完成锁闭，使进路无法开放，进而导致ATO发车距离不足，需要将列车在站台扣车，使列车晚点，从而影响了100s间隔运营。后续将对“车车通信”的解决方案进行完善和实践验证。

受制于车辆不足的问题，项目组采用分时段循序渐进的方式，在不同客流的峰值下进行试跑测试：晚高峰后平峰阶段、早晚高峰阶段、早高峰阶段，进行一个小时的单边试跑。后续随着运营车辆数增加，将进一步探索上下行不对称交路，下行40对/h，上行30对/h，主支线比2：1等多种行车组织方案，积累更多的实践经验。

100s行车间隔运营对专业联动性、列车准点率、设施设备可靠性、车站应急处置等综合管理能力要求极高，现有的应急处置程序和机制，还需要更多的实战性演练来验证和完善。

未来，从100s向90s行车间隔的发展，将在更大程度上依赖物联网、云计算、大数据、深度学习等新技术的应用，其中，重点是“车车通信”列车控制系统和毫米波雷达技术的应用，这是实现更小追踪间隔的关键途径。例如，“车车通信”列车控制系统结构简化后，相关信息不再需要从轨旁ZC交互获取，从前车位置更新至后车收到新的移动授权的时间相比CBTC系统减少2s以上。对于不同任务采取不同的处理周期等优化处理措施，使得“车车通信”列车控制系统相比CBTC系统EB的响应时间缩短1/3以上。期待同行的共同努力和探索，为实现“90s”行车间隔打下坚实的技术和运营基础。

附录 A

相关参数定义与计算方法

1. 列车退出全自动运行模式率

定义：统计期内，实际开行列车退出全自动运行模式次数与列车全自动运行模式图定开行列车次数之比，实际开行的列车次数中不包括临时调整的列车次数。

$$A = \frac{N_1}{N_2} \times 100\% \qquad (附\text{A-1})$$

式中：A——列车退出全自动运行模式率；

N_1——实际开行列车退出全自动运行模式次数（列）；

N_2——图定开行全自动运行模式列车次数（列）。

2. 列车唤醒自检成功率

定义：统计期内，实际列车唤醒自检成功次数与图定计划列车唤醒自检次数之比，实际列车唤醒自检成功次数中不包括临时唤醒自检的列车次数。

$$B = \frac{N_3}{N_4} \times 100\% \qquad (附\text{A-2})$$

式中：B——列车唤醒自检成功率；

N_3——实际列车唤醒自检成功次数（列）；

N_4——图定计划列车唤醒自检成功次数（列）。

3. 列车运行图兑现率

定义：统计期内，实际开行列车次数与列车运行图图定开行列车次数之比，实际开行的列车次数中不包括临时加开的列车次数。

$$C = \frac{N_1}{N_2} \times 100\% \qquad (附 A-3)$$

式中：C——列车运行图兑现率；

N_1——实际开行列车次数，即完成列车运行图中规定的列车开行计划的列车数量（列）；

N_2——列车运行图图定开行列车次数，即列车运行图中规定的开行列车数量（列）。

4. 列车正点率

定义：统计期内，正点列车次数与实际开行列车次数之比。

$$D = \frac{N_3}{N_1} \times 100\% \qquad (附 A-4)$$

式中：D——列车正点率；

N_3——正点列车次数，即统计期内，在执行列车运行图过程中，列车终点到站时刻与列车运行图计划到站时刻相比误差小于 2min 的列车次数（列）。

5. 运营里程

（1）线路运营里程

定义：按始发站站中心至终点站站中心，沿正线线中心测得的长度。

$$B_{11} = \frac{l_{上} + l_{下}}{2} \qquad (附 A-5)$$

式中：B_{11}——线路运营里程；

$l_{上}$——上行起点至终点里程（km）；

$l_{下}$——下行起点至终点里程（km）。

注：①不含折返线、渡线、联络线、停车线、出入段线、安全线、试车线等配线长度。

②含支线运营的线路，其线路运营里程计为主线部分运营线路长度与支线部分运营线路长度之和。

（2）线网运营里程

定义：线网运营里程指各线路运营里程之和，共线段不重复计算。

$$B_{1n} = \Sigma B_{1l} - l_{重} \tag{附 A-6}$$

式中：B_{1n}——线网运营里程（km）；

$l_{重}$——重复计算的共线段运营线路长度（km）。

6. 客运量

（1）车站客运量

定义：统计期内，城市轨道交通运营车站为乘客提供进站、换乘服务的人次，为进站量和换乘量之和。

$$P_{6s} = P_{1s} + P_{4s} \tag{附 A-7}$$

式中：P_{6s}——车站客运量（人）；

P_{1s}——车站进站量（人）；

P_{4s}——换乘站换乘量（人）。

（2）线路客运量

定义：统计期内，城市轨道交通线路运送乘客的总人次，为线路进站量和换乘量之和。

$$P_{6l} = P_{1l} + P_{4l} \tag{附 A-8}$$

式中：P_{6l}——线路客运量（人）；

P_{1l}——线路进站量（人）；

P_{4l}——换乘站换乘量（人）。

（3）线网客运量

定义：统计期内，城市轨道交通线网运送乘客的总人次，为线网进站量和换乘量之和。

$$P_{6n} = P_{1n} + P_{4n} = \Sigma P_{6l} \quad \text{（附 A-9）}$$

式中：P_{6n}——线网客运量（人）；

P_{1n}——线网进站量（人）；

P_{4n}——线网换乘量（人）。

7. 正线驾驶员生产率

正线驾驶员生产率，是体现地铁运营企业所有正线驾驶员驾驶列车进行正线运行的效率的重要指标，正线驾驶员生产率是年总运营列小时与正线驾驶员总工时的比值。

$$y = \frac{\text{年总运营列小时}}{\text{正线驾驶员总工时}} \quad \text{（附 A-10）}$$

8. 列车上线率

（1）线路列车上线率

定义：统计期内，线路配属列车数中上线列车数所占的比例。

$$O_{4l} = \frac{O_{2l}}{O_{1l}} \times 100\% \quad \text{（附 A-11）}$$

式中：O_{2l}——线路日均上线列车数；

O_{1l}——线路日均配属列车数；

O_{4l}——线路列车上线率。

（2）线网列车上线率

$$O_{4n} = \frac{\Sigma O_{2l}}{\Sigma O_{1l}} \times 100\% \quad \text{（附 A-12）}$$

式中：O_{4n}——线网列车上线率；

O_{2l}——线网日均上线列车数；

O_{1l}——线网日均配属列车数。

9. 列车服务可靠度

定义：统计期内，全部列车总行车里程与5min以上延误次数之比，单位为万列公里/次。

$$C = \frac{L}{N_4} \times 100\%$$ （附A-13）

式中：C——列车服务可靠度；

L——全部列车总行车里程（km）；

N_4——5min以上延误次数。

10. 车辆系统故障率

定义：统计期内，导致列车运行晚点2min及以上的车辆故障次数与全部列车总行车里程的比值，单位为次/万列公里。

$$E = \frac{N_6}{L} \times 100\%$$ （附A-14）

式中：E——车辆系统故障率；

N_6——导致2min及以上晚点的车辆故障次数；

L——全部列车总行车里程（万列公里）。

11. 信号系统故障率

定义：统计期内，信号系统故障次数与全部列车总行车里程的比值，单位为次/万列公里。

$$F = \frac{N_7}{L} \times 100\%$$ （附A-15）

式中：F——信号系统故障率；

N_7——信号系统故障次数；

L——全部列车总行车里程（万列公里）。

12. 供电系统故障率

定义：统计期内，供电系统故障次数与全部列车总行车里程的比值，单位为次/万列公里。

$$G = \frac{N_8}{L} \times 100\% \quad \text{（附 A-16）}$$

式中：G——供电系统故障率；

N_8——供电系统故障次数；

L——全部列车总行车里程（万列公里）。

13. 站台门故障率

定义：统计期内，站台门故障次数与站台门动作次数的比值。

$$H = \frac{N_9}{N_{10}} \times 100\% \quad \text{（附 A-17）}$$

式中：H——站台门故障率；

N_9——站台门故障次数，即单个站台门无法打开或关闭记为站台门故障 1 次，多个站台门同时无法打开或关闭，故障次数按发生故障的站台门数量累计；

N_{10}——站台门动作次数，即单个站台门开启并关闭 1 次记为站台门动作一次。

附录 B

英文缩写及含义

序号	缩　写	中 文 名 称	英 文 全 称
1	AM	列车自动驾驶模式	Automatic Train Operation Mode
2	ATC	列车自动控制	Automatic Train Control
3	ATO	列车自动驾驶	Automatic Train Operation
4	ATP	列车自动防护	Automatic Train Protection
5	ATS	列车自动监控	Automatic Train Supervision
6	CBTC	基于通信的列车自动控制	Communications Based Train Control
7	CC	车载控制器	Carborne Controller
8	CI	计算机联锁	Computer Interlocking
9	DCS	数据通信系统	Data Communication System
10	DCU	站台门控制单元	Door Control Unit
11	DTO	无人驾驶但有人跟车值守的自动化运行方式	Driverless Train Operation
12	EB	紧急制动	Emergency Braking
13	EOA	移动授权终点	End of Movement Authority
14	ESP	紧急关闭按钮	Emergency Stop Plunger
15	FAO	全自动运行	Fully Automatic Operation
16	GOA	自动运行等级	Grade of Automation
17	ISCS	综合监控系统	Integrated Supervisory Control System
18	MDBF	平均无故障里程	Mean Distance Between Failure
19	MDBSF	平均无运营故障里程	Mean Distance Between System Failures
20	MTBF	平均无故障时间	Mean Time Between Failure

续上表

序号	缩　写	中 文 名 称	英 文 全 称
21	MTBSF	平均无运营故障时间	Mean Time Between System Failures
22	OCC	控制中心	Operation Control Center
23	PIS	乘客信息系统	Passenger Information System
24	POCC	计划与运营控制中心	Plan Operation Control Center
25	PSL	站台操作盘	Platform Screen Doors Local Control Panel
26	RMF	向前限制性人工驾驶模式	Restricted Manual Driving Mode Forward
27	SCADA	电力数据采集与监视控制系统	Supervisory Control And Data Acquisition
28	TOS	上海地铁网络三色状态运营信息系统	Three Color Operation Information System of Shanghai Metro Network
29	UTO	无人自动驾驶模式	Unattended Train Operation
30	ZC	区域控制器	Zone Controller

参考文献

[1] 马伟杰，王伟雯．上海轨道交通 10 号线全自动运营实践及启示 [J]. 城市轨道交通研究，2019, 22(z2):1-5.

[2] 葛文静．城市轨道交通全自动运行线路调度指挥体系研究 [J]. 城市轨道交通研究，2019, 22(z2):13-15, 18.

[3] 王晓倩．城市轨道交通全自动运行线路运营控制中心管理模式创新 [J]. 城市轨道交通研究，2019, 22(z2):16-18.

[4] 张琦，陈钧，巨轮．城市轨道交通全自动运行线路的乘务管理创新 [J]. 城市轨道交通研究，2019, 22(z2):6-8, 12.

[5] 高麒，王子伟．城市轨道交通全自动运行线路乘务派班方案优化设计 [J]. 城市轨道交通研究，2019, 22(z2):9-12.

[6] 尹聪聪．城市轨道交通全自动运行线路运营管理模式分析 [J]. 城市轨道交通研究，2019, 22(z2):19-23.

[7] 包天刚，宗国．城市轨道交通全自动运行系统封闭运行环境的安全风险研究 [J]. 城市轨道交通研究，2019, 22(z2):24-26, 30.

[8] 高臻．城市轨道交通车辆健康状态评估方法 [J]. 城市轨道交通研究，2019, 22(z2):27-30.

[9] 李冰，周映江．基于全自动运行的行车综合自动化系统数据同步方案优化 [J]. 城市轨道交通研究，2019, 22(z2):31-34.

[10] 周陈，张凯．城市轨道交通全自动运行列车的新增系统功能及其设计要点

[J]. 百科论坛电子杂志, 2021(7):2967.

[11] 庞颖, 朱微维, 朱串串. 城市轨道交通车辆基地智能诊断技术研究 [J]. 城市轨道交通研究, 2019, 22(z2):39-42.

[12] 陈绍文. 影响城市轨道交通全自动运行的技术要点 [J]. 城市轨道交通研究, 2019, 22(z2):43-45.

[13] 陆鹏. 城市轨道交通全自动运行系统岗位设置的优化 [J]. 城市轨道交通研究, 2019, 22(z2):46-48, 53.

[14] 周竞. 城市轨道交通全自动运行系统停车列检库登乘列车方案研究 [J]. 城市轨道交通研究, 2019, 22(z2):49-53.

[15] 梁贺程. 上海轨道交通10号线全自动运行系统运营安全及技术评估 [J]. 城市轨道交通研究, 2019, 22(z2):54-56.

[16] 戚端骏. 上海轨道交通全自动运行线路现状分析及展望 [J]. 城市轨道交通研究, 2019, 22(z2):57-61.

[17] 于森, 戚端骏. 上海轨道交通浦江线全自动运行模式优劣势分析及应对措施 [J]. 城市轨道交通研究, 2019, 22(z2):62-64.

[18] 林佳勇, 范明涛. 智慧车站系统在车站运营中的优势分析 [J]. 城市轨道交通研究, 2019, 22(z2):69-72.

[19] 钱蔚, 柴慧君, 陈绍文. 城市轨道交通全自动运行线路长大区间列车火灾处置联动方案 [J]. 城市轨道交通研究, 2019, 22(z2):73-76.

[20] 汤明明, 马伟杰. 基于 TETRA 的轨道交通全自动运行系统运营功能研究 [J]. 城市轨道交通研究, 2019, 22(z2):65-68.

[21] 张顺, 孙龙. 城市轨道交通全自动运行列车火灾报警系统设计 [J]. 城市轨道交通研究, 2019, 22(z2):77-80.

[22] 许镠炜. 电路图虚拟仿真在城市轨道交通列车维护中的应用 [J]. 城市轨道交通研究, 2019, 22(z2):81-83, 87.

[23] 张文彬, 王硕, 崔军飞. 智慧车站管控系统在上海地铁的应用 [J]. 城市轨道交通研究, 2019, 22(z2):84-87.

[24] 刘洋. 城市轨道交通全自动运行列车蠕动模式研究 [J]. 城市轨道交通研究, 2019, 22(z2):88-91.

[25] 刘敏, 孙元, 杨磊. 城市轨道交通全自动运行线路通信系统的功能研究 [J]. 城市轨道交通研究, 2019, 22(z2):92-95.

[26] 葛隽, 赵辉. 上海轨道交通 10 号线 TETRA 专用无线系统的可靠性和应用 [J]. 城市轨道交通研究, 2019, 22(z2):96-98.

[27] 刘默, 朱爱俊. 全自动运行模式下 TETRA 专用通信系统的应用与展望 [J]. 城市轨道交通研究, 2019, 22(z2):99-101.

[28] 王冬海, 黄柒光. 列车灵活编组在城市轨道交通全自动运行线路中的应用 [J]. 城市轨道交通研究, 2019, 22(z2):102-105.

[29] 冯玮. 城市轨道交通全自动运行列车休眠与唤醒的执行方式 [J]. 城市轨道交通研究, 2019, 22(z2):106-108.

[30] 赵未, 尹洪权. 城市轨道交通全自动运行列车日常维护与保养 [J]. 城市轨道交通研究, 2019, 22(z2):109-112.

[31] 翟国锐, 徐燕芬, 代军峰, 等. 全自动无人驾驶城轨车辆列车网络控制系统研究 [J]. 铁道车辆, 2021, 59(3):17-20.

[32] 弓剑. 全自动运行信号系统设计的工程优化方案研究 [J]. 都市快轨交通, 2021, 34(2):137-141.

[33] 李盼盼, 郎诚廉. 城市轨道交通全自动运行线路调度系统的仿真研究 [J]. 铁路计算机应用, 2021, 30(6):74-78.

[34] 陈浩, 雷成健. 基于车—车通信的全自动运行信号系统研究 [J]. 现代城市轨道交通, 2021(3):24-29.

[35] 董洪卫, 赵博伦. 全自动运行系统站台门间隙探测与信号系统接口探究 [J]. 铁路通信信号工程技术, 2021, 18(9):69-72.

[36] 周天龙. 全自动驾驶地铁车辆车门的控制设计 [J]. 中国设备工程, 2021(5):107-108.

[37] 秦佳宁. 轨道交通全自动驾驶系统集成技术研究 [J]. 建材与装饰, 2021, 17(25):153-154.

[38] 冯浩楠, 黄苏苏, 付伟, 等. 城市轨道交通全自动运行系统多功能仿真平台设计与实现 [J]. 实验技术与管理, 2020, 37(1):238-241, 249.

[39] 刘栋. 城市轨道交通全自动运行模式下的乘客服务系统关键技术 [J]. 铁路计算机应用, 2020, 29(11):27-29.

[40] 宁滨, 郜春海, 李开成, 等. 中国城市轨道交通全自动运行系统技术及应用 [J]. 北京交通大学学报, 2019, 43(1):1-6.

[41] 路向阳. 地铁列车自动驾驶系统原理 [M]. 长沙 : 中南大学出版社, 2021.

[42] 中华人民共和国住房和城乡建设部. 城市轨道交通站台站台门：CJ/T 236—2022[S]. 北京 : 中国标准出版社, 2022.

[43] 中华人民共和国住房和城乡建设部. 地铁设计规范：GB 50157—2013 [S]. 北京 : 中国标准出版社, 2013.

[44] 中国城市轨道交通协会. 市域快轨交通技术规范：T/CAMET 01001—2019[S]. 北京 : 中国铁道出版社有限公司, 2019.

[45] 中国城市轨道交通协会. 城市轨道交通效能评价指标体系：T/CAMET 01002—2019[S]. 北京 : 中国铁道出版社有限公司, 2019.

[46] 中国城市轨道交通协会 . 城市轨道交通　全自动运行系统规范　第 1 部分 : 需求：T/CAMET 04017.1—2019[S]. 北京 : 中国铁道出版社有限公司 , 2019.

[47] 中国城市轨道交通协会 . 城市轨道交通　全自动运行系统规范　第 2 部分 : 核心设备产品：T/CAMET 04017.2—2019[S]. 北京 : 中国铁道出版社有限公司 , 2019.

[48] 中国城市轨道交通协会 . 城市轨道交通　全自动运行系统规范　第 3 部分 : 接口：T/CAMET 04017.3—2019 [S]. 北京 : 中国铁道出版社有限公司 , 2019.

[49] 中国城市轨道交通协会 . 城市轨道交通　全自动运行系统规范　第 4 部分 : 测试及验证：T/CAMET 04017.4—2019 [S]. 北京 : 中国铁道出版社有限公司 , 2019.

[50] 中国城市轨道交通协会 . 城市轨道交通　全自动运行系统规范　第 5 部分 : 工程安全评价：T/CAMET 04017.5—2019[S]. 北京 : 中国铁道出版社有限公司 , 2019.

[51] 中国城市轨道交通协会 . 城市轨道交通　全自动运行系统规范　第 6 部分 : 初期运营基本条件：T/CAMET 04017.6—2019 [S]. 北京 : 中国铁道出版社有限公司 , 2019.

[52] 中国城市轨道交通协会 . 城市轨道交通　全自动运行系统规范　第 7 部分 : 运营管理：T/CAMET 04017.7—2019[S]. 北京 : 中国铁道出版社有限公司 , 2019.

[53] 中国城市轨道交通协会 . 智慧城市轨道交通　信息技术架构及网络安全规范　第 1 部分 : 总体需求：T/CAMET 11001.1—2019[S]. 北京 : 中国铁道出版社有限公司 , 2019.

[54] 中国城市轨道交通协会 . 智慧城市轨道交通　信息技术架构及网络安全规范　第 2 部分 : 技术架构：T/CAMET 11001.2—2019[S]. 北京 : 中国铁道出版社有限公司 , 2019.

[55] 中国城市轨道交通协会 . 智慧城市轨道交通　信息技术架构及网络安全规范　第 3 部分 : 网络安全：T/CAMET 11001.3—2019[S]. 北京 : 中国铁道出版社有限公司 , 2019.

[56] 陈绍文 . 全自动运行系统 SPKS 设置方案研究 [J]. 铁路计算机应用 , 2018, 27(11):56-59.

[57] 梁宇 , 成正波 , 黄柒光 .CBTC 列车追踪间隔的优化 [J]. 城市轨道交通研究 , 2018, 21(12):76-78, 82.

[58] 成正波 , 刘华祥 . 市域 (郊) 铁路信号系统制式比选及建议 [J]. 城市轨道交通研究 , 2021, 24(4):71-74, 78.

[59] 黄柒光 , 康磊 , 成正波 . 城市轨道交通有坡道线路道岔岔前计轴点布置方案 [J]. 城市轨道交通研究 , 2021, 24(9):204-206.

[60] 曾翔宇 , 薛强 , 成正波 . 城市轨道交通列车折返间隔时间研究 [J]. 铁路计算机应用 , 2015, 24(9):50-53.

[61] 徐金祥 , 等 . 城市轨道交通列车运行自动控制技术 [M]. 北京 : 中国铁道出版社 , 2013.